Deutsch
Niedersachsen

Bildnachweis:

A. Geiger (S. 22): © picture alliance/Erwin Elsner

G. Grass (S. 30): https://commons.wikimedia.org/wiki/File:Europese_conferentie_van_schrijvers_Haagse_Treffen_in_Kurhaus_te_Scheveningen,_Bestanddeelnr_932-1798.jpg?uselang=de

Die Zitate von A. Geiger stammen aus folgenden Quellen:

Interview von Andrea Gerk (DLF) mit Arno Geiger (https://www.deutschlandfunkkultur.de/arno-geiger-ueber-seinen-roman-unter-der-drachenwand-jede.1270.de.html?dram:article_id=407604)

Interview von Olga Tsitiridou mit Arno Geiger (https://www.dtv.de/_files_media/downloads/lesekreis-material-drachenwand-1235.pdf)

Interview des Senders FM4 mit Arno Geiger (https://fm4.orf.at/stories/2888188/)

Radio-Beitrag „Frauen mit Schlaghosen" von Arno Geiger (https://www.ndr.de/ndrkultur/Frauen-mit-Schlaghosen,audio385360.html)

Interview von Michel Ries (SWR1) mit Arno Geiger (https://www.swr.de/swr1/bw/swr1leute/arno-geiger-108.html)

© 2021 Stark Verlag GmbH
www.stark-verlag.de

Das Werk und alle seine Bestandteile sind urheberrechtlich geschützt. Jede vollständige oder teilweise Vervielfältigung, Verbreitung und Veröffentlichung bedarf der ausdrücklichen Genehmigung des Verlages. Dies gilt insbesondere für Vervielfältigungen, Mikroverfilmungen sowie die Speicherung und Verarbeitung in elektronischen Systemen.

Inhalt

Adelbert von Chamisso: Peter Schlemihls wundersame Geschichte (gA)

4   Biografie Chamissos

6   Inhalt

8   Aufbau und Form

10   Deutungsansätze

E. T. A. Hoffmann: Der goldne Topf (eA)

12   Biografie Hoffmanns

14   Inhalt

16   Aufbau und Form

18   Deutungsansätze

Romantik (gA/eA)

20   Vertiefungstexte

Arno Geiger: Unter der Drachenwand (gA/eA)

22   Biografie Geigers

24   Inhalt

26   Aufbau und Form

28   Deutungsansätze

Günter Grass: Katz und Maus (eA)

30   Biografie Grass'

32   Inhalt

34   Aufbau und Form

36   Deutungsansätze

Kurzprosa

38   Untergattungen

Allgemeines

40 Literaturgeschichte

46 Textsorten

48 Stilmittel

Das vorliegende Buch bezieht sich bei Seitenangaben auf die folgenden Textausgaben:

Adelbert von Chamisso: Peter Schlemihls wundersame Geschichte. Reclam XL | Text und Kontext. Hrsg. v. Florian Gräfe. 2., durchges. u. erw. Auflage. Ditzingen: Reclam 2020.

Arno Geiger: Unter der Drachenwand. 2. Aufl. München: dtv 2019.

Günter Grass: Katz und Maus. Eine Novelle. München: dtv 2014.

Was erwartet mich?

Was erwartet mich?

Die **Prüfungsthemen des Deutschabiturs in Niedersachsen** im Jahr **2022** reichen von Adelbert von Chamissos Kunstmärchen *Peter Schlemihls wundersame Geschichte* (1814) bis zu Arno Geigers Roman *Unter der Drachenwand* (2018). Das vorliegende Büchlein hilft Ihnen dabei, bei all diesen Themen den Überblick zu behalten.

- Jede Doppelseite beginnt mit einem **Schaubild**, das ein schnelles Erfassen des Themas ermöglicht und seine zentralen Merkmale veranschaulicht. Durch die grafische Gestaltung werden Zusammenhänge auf einen Blick deutlich und sind leichter zu behalten.
- Das **Kästchen** neben den Grafiken vermittelt wissenswerte, interessante oder kuriose Zusatzinformationen zum Thema. Diese gehören sicher nicht zum Standardwissen, können aber dabei helfen, sich die abiturrelevanten Inhalte besser einzuprägen.
- Die Doppelseiten zu den **literarischen Werken** sind nach folgenden Rubriken aufgebaut:
  - Eine **Biografie** gibt zentrale Einblicke in die private und berufliche Welt des Autors.
  - Der Abschnitt **Inhalt** bietet eine prägnante Zusammenfassung der Handlung des Werks.
  - Die Rubrik **Aufbau und Form** stellt u. a. die Struktur und die Sprache des Werks dar.
  - Unter den **Deutungsansätzen** werden die wichtigsten Lesarten erläutert.

  Im Inhaltsverzeichnis können Sie sehen, welche Werke für das grundlegende Anforderungsniveau (gA) und welche für das erhöhte Anforderungsniveau (eA) relevant sind.
- Eine Doppelseite bietet einen **Überblick** über die **nichtliterarischen Vertiefungstexte**, die für die Behandlung der Werke aus der Romantik vorgegeben sind. Die Abkürzungen „eA" und „gA" kennzeichnen hier jeweils wieder das Anforderungsniveau.
- Eine weitere Doppelseite widmet sich dem Thema **Kurzprosa**. Hier werden die für das Abitur relevantesten **Untergattungen** vorgestellt.
- Im Kapitel **Allgemeines** fasst eine **Mini-Literaturgeschichte** die zentralen Epochen vom Barock bis zur Gegenwart knapp zusammen. Außerdem stellt eine Doppelseite knapp die wichtigsten Merkmale weiterer **Textsorten** bzw. Untergattungen dar. Eine **Stilmittel-Übersicht** mit gut zu merkenden Beispielen rundet das Grundwissenskapitel ab.

Der STARK Verlag wünscht Ihnen mit dem Buch viel Freude und für das Abitur viel Erfolg!

Chamisso: *Peter Schlemihls wundersame Geschichte*

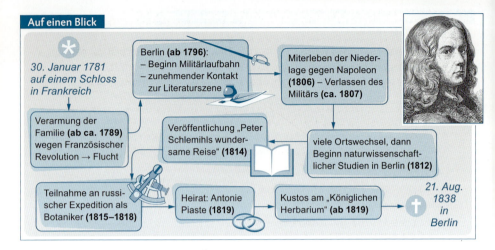

Kindheit und Jugend (1781–1798)

- geboren am 30. Januar 1781 auf dem Schloss Boncourt in der Nähe von Ante (Frankreich) als Sohn des Grafen Louis Marie de Chamissot
- **Verarmung der Familie** infolge der **Französischen Revolution**, während der sie das Schloss und ihre Güter verliert → **Flucht** vor den Revolutionsheeren (ab 1792) → mehrfache Ortswechsel (Belgien, Niederlande, Deutschland) → ab **1796 fest in Berlin**
- ab 1796: Page bei der Fürstin Friederike Luise und geregelter Schulunterricht (Französisches Gymnasium, Berlin)
- Einschlagen einer **Militärlaufbahn im preußischen Heer** (1798)

Militärzeit (1798–1807)

- Auseinandersetzung mit **Philosophie und Literatur** als Ausgleich zum eintönigen Militärdienst, den er als Last empfindet
- unerfüllte Liebe zur Witwe Cérès Duvernay
- zunehmender Kontakt zum **geistig-kulturellen Leben** in Berlin
- Beginn der lebenslangen Freundschaft zum Verleger und Schriftsteller Julius Eduard Hitzig
- Mitgründung der literarischen Gruppe **Nordsternbund**
- Veröffentlichung des dramatischen Gedichts *Faust. Eine Tragödie in einem Akt. Ein Versuch* (1803/04)
- 1804–1806: **Herausgabe eines Musenalmanachs** (zusammen mit Mitgliedern des *Nordsternbunds*, insbesondere mit Varnhagen von Ense)
- 1805: Verlegung seines Regiments nach Hameln
- Entstehung des Fragment gebliebenen Versdramas *Fortunati Glückseckel und Wunschhütlein. Ein Spiel* (1806)
- 1806: Miterleben der **Niederlage des preußischen Heers gegen Napoleon** in Hameln
- **Identitätsprobleme** als Franzose im preußischen Heer → Gefühl der **Heimatlosigkeit**
- ca. 1807: **Verlassen des Militärs**

Biografie

Leben als Naturwissenschaftler und Schriftsteller (1807–1838)

- in der Folgezeit viele Ortswechsel (Frankreich, Schweiz, Deutschland) – u. a. Aufnahme in der *Loge Châlons-sur-Marne* (Freimaurer) und Anschluss an den literarischen Kreis um Frau v. Staël
- 1812: Beginn eines **naturwissenschaftlichen Studiums** in Berlin (v. a. Botanik)
- Verbindung zu E. T. A. Hoffmann und Mitgliedschaft in seiner literarischen Gruppe *Die Serapionsbrüder*
- Unterbrechung der Studien durch den Befreiungskrieg gegen Napoleon → Aufflammen der Identitätsprobleme: Gefühl der Isoliertheit
- Verfassen des **Kunstmärchens** *Peter Schlemihls wundersame Geschichte* → Herausgabe des Kunstmärchens durch seinen Freund Friedrich de la Motte Fouqué (1814) → großer Erfolg des Werks
- 1815–1818: Teilnahme an einer **russischen Schiffsexpedition** als **Naturforscher** (Alaska, Polynesien, Mikronesien etc.), unter anderem:
  - botanische Erforschung Alaskas
  - kartografische Erfassung der Küste Alaskas
  - Dokumentation abgelegener Kulturen (z. B. Aleuten, Mikronesien)
  - Kritik an der russischen Kolonialherrschaft
- Verleihung des Ehrendoktors durch die Berliner Universität
- Annehmen der Stelle des **Zweiten Kustos am** *Königlichen Herbarium*
- ab 1819: Ehe mit Antonie Piaste (Ziehtochter von Hitzig), mit der er sieben Kinder haben wird
- Fortsetzung der naturwissenschaftlichen Forschungen
- Veröffentlichung des Reiseberichts *Bemerkungen und Ansichten einer Entdeckungsreise* (1821), in dem er die Weltumsegelung beschreibt
- ab Mitte der 1820er zunehmendes Verfassen von Lyrik → Veröffentlichung in kleineren Zyklen oder Zeitschriften
- 1831: Veröffentlichung eines **ersten Lyrikbandes** (v. a. mit früher geschriebenen Gedichten)
- 1832–1838: Mitarbeit an der Überarbeitung des *Deutschen Musenalmanachs*
- 1833: Aufstieg zum Ersten Kustos am *Königlichen Herbarium*
- Aufnahme in die renommierte *Preußische Akademie der Wissenschaften* als ordentliches Mitglied
- 1836: **Veröffentlichung des Reiseberichts** *Reise um die Welt*, in dem er umfassender als in den *Bemerkungen und Ansichten einer Entdeckungsreise* (1821) die zwei Jahrzehnte zurückliegende Expedition beschreibt
- 1838: Veröffentlichung einer Abhandlung über die Sprache auf Hawaii
- 1838: **sozialkritische Lyrik**, unter anderem das Gedicht *Die alte Waschfrau*, das für eine arme Mutter Spenden in Höhe von 150 Reichstalern einbringt → Vorbild für Vormärzliteratur
- gestorben am 21. August 1838 in Berlin (an Lungenkrebs) → Beisetzung auf dem Friedhof am Halleschen Tor in Berlin

Werkauswahl

- *Fortunati Glückseckel und Wunschhütlein* (1806): Dramenfragment, in dem bereits ein **unerschöpflicher Geldsäckel** und ein Hütlein, das seinen Träger überall hinbringen kann, vorkommen
- *Gedichte* (1831): Sammlung mit Gedichten, die unterschiedliche Themen behandeln, z. B. **Liebe**, **Natur**, **Reisen**, **soziale Missstände** (der Band enthält auch sein dramatisches *Faust*-Gedicht)

Chamisso: *Peter Schlemihls wundersame Geschichte*

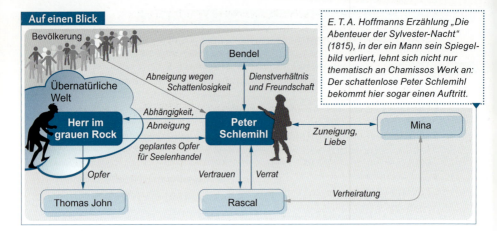

Kapitel I–IV

Kapitel I
- **Ankunft Peter Schlemihls** mit dem Schiff in einer Stadt → Anmietung eines Zimmers
- Aufenthalt auf einem Anwesen des reichen Herrn Thomas John, der eine Gesellschaft geladen hat
- Spaziergang der Gesellschaft durch den Park: Schlemihls zunehmende **Irritation** wegen eines grau gekleideten **Mannes**, der immer größere Dinge aus seinem grauen Rock hervorzieht (u. a. ein Prunkzelt und drei Reitpferde)
- **Angebot** des Mannes, ihm einen **unerschöpflichen Geldsack** zu geben, wenn Schlemihl ihm seinen **Schatten überlasse** → Schlemihls **Einwilligung** → Mann nimmt den Schatten an sich

Kapitel II
- **Mitleid, Hohn, Verachtung** der Passanten für Schlemihl wegen dessen Schattenlosigkeit
- Umzug Schlemihls in ein edles Hotel – Bad im Gold aus Verzweiflung über soziale Ablehnung
- Anmietung eines **Dienstmannes namens Bendel**
- Verzweiflung Schlemihls angesichts der ablehnenden Reaktionen der Menschen
- erfolglose Suche Bendels nach dem **Mann in Grau** – zu späte Einsicht, dass dieser ihm morgens aufgetragen hatte, Schlemihl mitzuteilen, dass er nach „Jahr und Tag" zurückkehren und es dann zu einem **neuerlichen Geschäft** kommen könne

Kapitel III
- Schlemihls Verfluchung des Goldes, weil er sich dadurch sozial isoliert hat
- Bendels schlechtes Gewissen, den Mann in Grau nicht erkannt zu haben
- **Bekenntnis** Bendels zu Schlemihl nach dessen Geständnis der Schattenlosigkeit
- Bendel ab jetzt als große Unterstützung (Verbergung der Schattenlosigkeit) und Freund
- Schlemihls Annäherung an Fanny, die in Ohnmacht fällt, als sie seine Schattenlosigkeit wahrnimmt → **überstürzte Abreise** aus der Stadt mit dem Diener Rascal

Kapitel IV
- **glückliche Zeit** in einem Badeort, wo Schlemihl zunächst für den preußischen König (und später für einen Grafen) gehalten wird – Großzügigkeit Schlemihls gegenüber der Bevölkerung

Inhalt

7

- **Liebe zur jungen Mina** → Ankündigung an Minas Vater, bald um ihre Hand anhalten zu wollen – Schlemihl hofft, zuvor den Schatten vom Herrn in Grau zurückbekommen zu können, da „Jahr und Tag" nun bald verstrichen sein werden → vergebliches Warten auf den Herrn an jenem Tag

Kapitel V–VIII

Kapitel V
- **Rascals Beendigung des Dienstverhältnisses**, weil er die Schattenlosigkeit entdeckt hat
- Minas Vater erfährt, dass Schlemihl kein Graf ist und keinen Schatten hat → Frist für Schlemihl: Wiederbeschaffung des Schattens in drei Tagen, sonst keine Ehe mit Mina
- Auftauchen des Herrn im grauen Rock: Angebot an Schlemihl, den **Schatten zurückzugeben**, wenn Schlemihl ihm dafür **seine Seele vermache** → Schlemihl geht nicht auf den Handel ein

Kapitel VI
- nächster Tag: Kampf mit einem Unsichtbaren, dessen Schatten Schlemihl begehrt → Schlemihl erlangt ein magisches Vogelnest, das unsichtbar macht
- Besuch beim Vater Minas als Unsichtbarer, wobei der Mann in Grau zugegen ist → Erkenntnis, dass **Rascal Mina heiraten** wird → **Erneuerung des letzten Angebots** des Mannes in Grau

Kapitel VII
- Ohnmacht Schlemihls während der Vermählung von Rascal und Mina
- Flucht zu seinem Haus → Erzählung des geschwächten Bendel, **Rascal** habe sich beständig am Geldsäckel **bereichert** und Schlemihl jetzt verraten
- mit Dank verbundene Entlassung Bendels aus all seinen Pflichten → Abschied Schlemihls

Kapitel VIII
- auf ziellosem Weg **Begegnung mit dem Mann in Grau**, der Schlemihl vorschlägt, ihm seinen Schatten zu leihen, solange er bei ihm bleiben dürfe, und ihm zu dienen → Einwilligung Schlemihls
- **angenehmes Leben** Schlemihls in der Folgezeit – jedoch um den Preis, dass der Mann in Grau, den er hasst und der ihm lästig ist, ständig anwesend ist und ihn zum Seelenhandel überreden will
- **Trennung vom Geldsäckel** und vom **Mann in Grau**, als Schlemihl erfährt, dass Thomas John schon zum Opfer des Mannes geworden ist

Kapitel IX–XI

Kapitel IX
- Erwerb zweier Stiefel, die sich als **Siebenmeilenstiefel** herausstellen
- Einübung in die Nutzung der Stiefel, mit denen er schnell große Distanzen überwinden kann

Kapitel X
- Erkundung der Welt mithilfe der Stiefel → neues Zuhause: abgeschiedene Höhle bei Theben
- Kauf einer Ausstattung, die ihm die **wissenschaftliche Erkundung und Vermessung der Welt** erlauben soll (u. a. Pantoffeln als „Hemmschuhe", die ihm normale Schritte ermöglichen)

Kapitel XI
- **Erkrankung Schlemihls** nach Herumirren auf der Erde → Erwachen im **Hospital „Schlemihlium"**, das Bendel mit dem übrigen Geld gegründet hat und in dem Mina Dienst tut, nachdem Rascal verstorben ist → kein Wiedererkennen Schlemihls, der sich über die Zeit verändert hat
- Rückkehr zur wissenschaftlichen Tätigkeit → Verfassen einer umfassenden Botanik-Abhandlung
- Bitte an Chamisso, seine Geschichte zu bewahren, damit andere später von ihr lernen können

Chamisso: *Peter Schlemihls wundersame Geschichte*

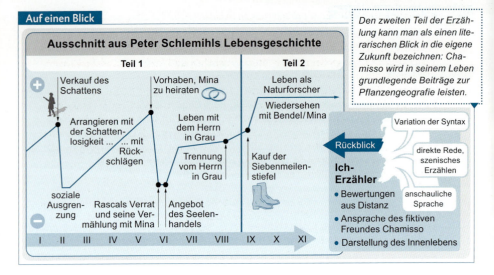

Aufbau und Struktur

- äußerer Aufbau:
  - eigentliche Geschichte: 11 Kapitel
  - je nach Ausgabe verschiedene **fiktive Dokumente**, die der Geschichte vorangehen und Authentizität suggerieren (Gedicht Chamissos an Schlemihl, Brief Chamissos an späteren Herausgeber Hitzig, Brief des Erstherausgebers Fouqué an Hitzig, Brief Hitzigs an Fouqué)
  - manche Ausgaben: Gedicht Fouqués, das auf die Geschichte folgt und Fouqués Freundschaft zu Chamisso reflektiert
- innerer Aufbau: grobe **Zweiteilung**
  - 1. Teil: Kap. I–VIII – **Schattenhandel** und seine **Folgen** (wobei sich dieser Teil nochmals in zwei Teile unterteilen lässt – Kap. I–IV: Schattenhandel und Versuch, mit der Schattenlosigkeit zu leben; Kap. V–VIII: Rascals Aufdeckung der Schattenlosigkeit und ihre Folgen sowie Angebot des Seelenhandels durch grauen Herrn)
  - 2. Teil: Kap. IX–XI – **Erforschung der Welt** mithilfe der Siebenmeilenstiefel
- dramaturgische Feinstruktur:
  - **expositorisches Kap. I:** Peter Schlemihl, Thomas John und der Herr im grauen Rock
    → Vollzug des konfliktauslösenden **Schattenverkaufs**
  - Kap. II–IV: **Erfahrungen** mit der **Schattenlosigkeit**, aber Hoffnung auf Ehe mit Mina
  - Kap. V–VII: **Rascals Verrat** und seine Folgen (Verlieren Minas an Rascal) und Angebot des Herrn in Grau an Schlemihl, ihm den Schatten gegen seine Seele zurückzugeben
  - Kap. VIII: **bequemes Leben** mit Schatten um den Preis der ständigen Anwesenheit des **Herrn in Grau**, der ihn zum Seelenhandel überreden will → schließlich Trennung von ihm
  - Kap. IX–XI: Erwerb der **Siebenmeilenstiefel** und **Erforschung der Welt**
- weitgehend lineare Darstellung mit gelegentlichen Vorgriffen

Aufbau und Form

Erzählerische Gestaltung

- **Ich-Erzähler**, der **rückblickend** von seinem Leben berichtet, also im Zentrum der von ihm erzählten Geschichte steht → Beschränkung auf Perspektive einer Figur
- über weite Strecken großer zeitlicher Abstand zwischen erzählendem und erlebendem Ich → Ermöglichung von Bewertungen aus der Distanz
- Zusammenfallen von erzählendem und erlebendem Ich am Ende der Erzählung
- immer wieder **Ansprache des (fiktiven) Freundes Chamisso** durch den Ich-Erzähler → **Suggestion von Authentizität** des Erzählten und brieflicher Charakter der Erzählung
- ausführliche **Einblicke ins Innenleben** Schlemihls (Gedanken und Gefühle) – zum einen in konkreten Situationen (vgl. z. B. Kap. I: Gedanken über die Identität des Herrn im grauen Rock), zum anderen im Hinblick auf die Lebensumstände (vgl. z. B. Beginn von Kap. IV)
- Rhythmisierung der Erzählung durch **Variation des Erzähltempos:**
  - Tendenz zu **zeitdeckendem Erzählen** (z. B. S. 14)
  - teilweise stark **zeitraffendes Erzählen** (z. B. S. 24: Darstellung der veränderten Lebensweise)
  - **Zeitdehnung bzw. Erzählpausen:** Ansprache Chamissos, Reflexionen des Ich-Erzählers
- **Erzählerreflexionen:** Bewertung und Einordnung des Geschehens (z. B. Kap. IV) in Bedeutung für das Ich
- immer wieder **szenisch** geprägte Erzählpassagen, die dem Leser das Geschehen sehr konkret vor Augen führen (z. B. beim Schattenverkauf)

Sprache, Stil und Motive

- **Variation der Syntax:** Wechsel von parataktischem und hypotaktischem Satzbau
- präzisierende, veranschaulichende **Partizipial-Attribute** und **Partizipialsätze**
- (bild)reiche Sprache: veranschaulichende **Vergleiche** und **Adjektive** → Lebendigkeit
- **Ausrufe** als Ausdruck der Verwunderung oder auch eines Wunsches
- Gedankenstriche als Mittel, um den Text zu strukturieren
- viel wörtliche Rede, insbesondere auch bei den Gesprächen mit dem Herrn in Grau
- Selbstreflexionen in Frageform (z. B.: „Was hülfen Flügel dem [...] fest Angeschmiedeten?", S. 22)
- **magische Motive** mit symbolischer Bedeutung: Glückssäckel (→ Erweiterung der materiellen Möglichkeiten) vs. Siebenmeilenstiefel (→ Erweiterung der wissenschaftlichen Möglichkeiten)
- **Schatten als Dingsymbol**, das über sich selbst hinausweist, da es zur Deutung herausfordert
- sprechender Name „Schlemihl", der im Ostjüdischen „Pechvogel" bedeutet

Gattungs- und Epochenzugehörigkeit

- **Kunstmärchen:**
  - Nähe zum **Märchen:** magische Fähigkeiten und Gegenstände (die – außer am Anfang – als alltäglich hingenommen werden)
  - für **Volksmärchen untypische Elemente:** Verankerung in bürgerlicher Realität (statt in märchenhafter Welt), Überwiegen einer realistisch gezeichneten Wirklichkeit, Psychologisierung
- Bezüge zur **Romantik:** Märchenhaftigkeit, Gefühlsintensität, spielerischer Umgang mit Fiktionalität und Authentizität durch Ansprache Chamissos (sowie durch die vorangestellten Dokumente)
- für **Romantik untypische Elemente:** Bändigung des Fantastischen durch Profanes (Pantoffeln als „Bremse" für die Siebenmeilenstiefel), wissenschaftliche Erforschung der Welt als eher aufklärerisches Projekt → objektive Realität als Lebenssinn (statt romantischer Subjektivität)

Chamisso: Peter Schlemihls wundersame Geschichte

Auf einen Blick

Biografisch
- Schattenlosigkeit → Heimatlosigkeit, fehlende Zugehörigkeit
- Widerspiegelung der Zuwendung zur Naturwissenschaft

Soziologisch-historisch
- Kritik am Frühkapitalismus
- Macht des Geldes in sozialen Beziehungen
- Kritik an Bewertungen aufgrund von Äußerlichkeiten

In der Vorrede zu einer französischen Ausgabe von „Peter Schlemihls wundersame Geschichte" bekennt Chamisso seine „Unwissenheit" in Bezug auf die Frage, wofür der Schatten denn stehe.

Philosophisch
- Kritik an Verabsolutierung des Materiellen
- Trennung vom Herrn in Grau als moralische Selbstbehauptung
- Geistig-Seelisches als Ausgleich für soziale Isolation
- menschliche Unvollkommenheit
- Glück als Selbstfindung jenseits des Materiellen

Psychologisch
- soziale Isolation → psychische Belastung
- Freundschaft/Liebe als stabilisierende Kräfte
- Akzeptanz der eigenen Vergangenheit → Aussöhnung mit sich selbst
- Umstellung des eigenen Lebens → produktiver Umgang mit Krisen

keine Allgemeingültigkeit nur eines Deutungsansatzes, sondern immer Zusammenspiel mehrerer Lesarten

Biografische Lesart

- Schlemihls Schattenlosigkeit als **Allegorie für die Heimatlosigkeit Chamissos** → Fehlen eines Zugehörigkeitsgefühls
- Schlemihls Zuwendung zur naturwissenschaftlichen Forschung als Widerspiegelung von Chamissos Entschluss, sich botanischen Studien zuzuwenden → **Naturwissenschaft** als eine **neu gewonnene Heimat**

Psychologische Lesart

- **soziale Isolation** und Fehlen sozialer Anerkennung als **psychische Belastung**
- Freundschaft (zu Bendel) und Liebe (zu Mina) als (vorübergehend) stabilisierende Kräfte
- Trennung vom Herrn in Grau und vom Geldsäckel als seelische Erleichterung, da Schlemihl sich so aus dem Schuldzusammenhang lösen kann
- **Aussöhnung mit der eigenen Lebensgeschichte**, indem er die **Vergangenheit** (vgl. Bendels Äußerungen auf S. 69 f.; vgl. auch S. 50) und auch die **Schuld**, die er beim Schattenverkauf auf sich geladen hat, **akzeptiert**
- **produktiver Umgang** mit der persönlichen Existenzkrise durch **Umstellung der Lebensweise**
- aus der Perspektive der (veralteten) Psycho-Physiognomik: Schatten als Ausdruck des Charakters → Schattenlosigkeit: Mangel an sozialer Erkennbarkeit der Persönlichkeit
- Verbergung eines Stigmas (= Schattenlosigkeit) als psychische Belastung

Soziologisch-historische Lesart

- Widerspiegelung einer Gesellschaft, die entsprechend den finanziellen Möglichkeiten strukturiert ist (arm/reich)
- zeitdiagnostische Ebene – Erzählung als Werk am **Übergang zum Kapitalismus:**
  – Kritik an Johns Gesellschaft, in der Geld und luxuriöse Lustbefriedigung im Zentrum stehen

Deutungsansätze

- Schlemihls Verkauf des Schattens gegen das Glückssäckel: Übertritt in frühkapitalistische Strukturen → Verwirkung des Rechts auf soziale Eingebundenheit, weil er das Geld verabsolutiert
- **Macht des Geldes** in sozialen Beziehungen:
  - Versuch des Forstmeisters, seine Tochter möglichst reich zu verheiraten
  - Verehrung für Schlemihl nur aufgrund seines Geldes (solange Schattenlosigkeit unbekannt ist)
  - Schattenlosigkeit allerdings als Grenze für die Macht des Geldes
- Schlemihls Schattenlosigkeit und der Umgang der Gesellschaft damit:
  - Schattenlosigkeit als Bild für den **Verlust bürgerlicher Existenzberechtigung**
  - Schlemihls Geschichte als prototypische Geschichte der **gesellschaftlichen Stigmatisierung** und **Ausgrenzung** (z. B. von Homosexuellen) → Veranschaulichung von deren Funktionsweise
  - **Kritik an Bewertung** der Menschen aufgrund von **Äußerlichkeiten** (= Schattenlosigkeit), statt auf die inneren Werte zu achten → Verurteilung bürgerlicher Scheinmoral
- Schlemihls Forschungen als Widerspiegelung der **fortschreitenden Verwissenschaftlichung der Welt**

Philosophische Lesart

- Übertritt in Thomas Johns Welt als Schritt in die Entfremdung vom Naturzustand (vgl. Rousseau)
- moralphilosophische Perspektive:
  - Verkauf des Schattens = **Verabsolutierung des Materiellen** unter **Vernachlässigung des Moralischen** sowie Verstoß gegen bürgerliches Arbeitsethos, nach dem Reichtum verdient sein muss
  - Schlemihls Ablehnung des Seelenhandels und Trennung vom Geldsäckel als **moralische Selbstbehauptung** (im Unterschied zu Thomas John und Rascal, die sich um des Reichtums/Ansehens willen unmoralisch verhalten) – Grund der Ablehnung sind **moralische Gefühle** der Abneigung, nicht moralische Grundsätze (vgl. S. 41)
- **geistig-seelische Sphäre** (Leben als Naturforscher) als **Ausgleich für soziale Isolation** → Gewinnung einer neuen Freiheit, nachdem das Geld Schlemihl unfrei gemacht hat
- der **graue Herr als Verkörperung des Bösen** bzw. als Teufel, der mit List, Manipulation und Magie an die Seele von Menschen gelangen will und dessen man sich **erwehren** muss
- Menschenbild – Unvollkommenheit des Menschen:
  - **Verführbarkeit des Menschen:** Thomas John als Negativbeispiel, Schlemihl zunächst als Negativ-, dann aber als Positivbeispiel, weil er nicht seine Seele zu verkaufen bereit ist
  - **Begrenztheit der menschlichen Möglichkeiten** selbst mit Siebenmeilenstiefeln: ein Teil der Welt bleibt Schlemihl unzugänglich (vgl. S. 65)
- Glücksphilosophie:
  - Finden des eigenen Glücks als **Selbstfindung** (vgl. die Aussage Minas: „seit ich meinen langen Traum ausgeträumt habe, und in mir selber erwacht bin [...], geht es mir wohl", S. 69)
  - Finden des eigenen Glücks nicht durch Suche, sondern durch **Erfahrung:** Schlemihls Ausrichtung auf das Urbild seines Lebens, das ihm vor sein inneres Auge tritt (vgl. S. 64)
  - nicht materielle Werte, sondern geistige Erfüllung als Glück
- **Natur** als Zufluchtsraum für aus der Gesellschaft ausgeschlossene Menschen (vgl. S. 64) – aber auf andere Art als ansonsten in der Romantik: Natur als Objekt wissenschaftlicher Betrachtung
- Distanzierung von theoretischer Metaphysik, die nicht die Seele anspricht (vgl. S. 54)
- Schatten als ein Motiv, das sich **nicht ausdeuten** lässt, und als **Unbestimmtheitsstelle**, in der sich die Nichtinterpretierbarkeit von Texten zeigt

Hoffmann: *Der goldne Topf*

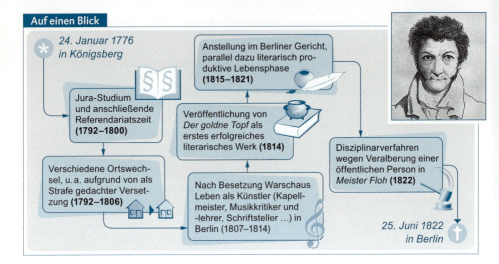

Kindheit und Jugend (1776–1792)

- Geburt am 24. Januar 1776 in Königsberg (Preußen)
- **Vater** Christoph L. Hoffmann: Anwalt am Königsberger Hofgericht; **Mutter** Luise A. Doerffer
- im Alter von zwei Jahren: **Trennung** der Eltern → Umzug mit der Mutter in deren Elternhaus
- ab 1782: Besuch der reformierten Burgschule in Königsberg, dort Beginn der langen **Freundschaft mit Th. G. Hippel**

Studien- und Referendariatszeit (1792–1800)

- ab 1792: Jura-Studium an der **Albertus-Universität Königsberg** – zusammen mit Hippel
- 1795: **erstes juristisches Staatsexamen**, danach **Referendar** am Obergericht Königsberg
- während der Studienzeit **künstlerisches Engagement:** Schreiben (keine Werke dieser Zeit sind erhalten), Musik (z. B. Ausbildung zum Organisten) und Zeichnen
- 1796: Bekanntwerden seiner Liebe zur älteren, verheirateten Musikschülerin Dora Hatt → Versetzung nach Glogau
- 1798: **zweites juristisches Staatsexamen** (Note „vorzüglich") → Antritt einer **Referendariatsstelle** am **Berliner Kammergericht**
- **Verlobung** mit Kusine **Minna Doerffer**
- 1800: **drittes juristisches Staatsexamen** (Note „vorzüglich")

Arbeitsleben als Jurist in Posen, Płock und Warschau (1800–1806)

- 1800: Antritt einer Stelle als **Gerichtsassessor** (Richter auf Probe) in Posen (Preußen)
- Kennenlernen der Polin Marianne Th. M. Rorer
- Silvester 1800: erste Aufführung eines musikalischen Werkes (eine Kantate) von Hoffmann
- 1802: **Auflösung der Verlobung** mit Minna Doerffer und **Hochzeit** mit M. Th. M. Rorer
- 1802: **(Straf-)Versetzung** nach **Płock** wegen Karikaturen über Posener Offiziere
- 1804: Ernennung zum Regierungsrat in **Warschau** (auf Hippels Initiative)

Biografie

- Beginn der Freundschaft mit Julius Eduard Hitzig → Kontakt mit den literarischen Werken der Romantiker
- 1806: Französische Besetzung der Stadt durch Napoleon → Verlust der Arbeit wegen Weigerung, auf die neue Regierung einen Eid abzulegen → Rückkehr nach Berlin

Leben als Künstler in Berlin, Bamberg und Dresden (1807–1814)

- in **Berlin** finanziell **schwierige Lebensbedingungen:** Arbeit als Musiker, Zeichner und Autor
- 1808: Übernahme der Stelle des **Kapellmeisters** am Theater **Bamberg**, die er aber wegen Intrigen nach zwei Monaten wieder verlassen muss
- Beschäftigung als **Musiklehrer** – u. a. von Julia Marc, einem 15-jährigen Mädchen, in das Hoffmann sich verliebt und das er in seinen Werken in verschiedenen Formen literarisiert
- 1809: Veröffentlichung der **ersten wichtigen Erzählung** Ritter Gluck (1809) → verstärkte Hinwendung zum literarischen Schaffen (u. a. Prosatexte mit dem Kapellmeister Johannes Kreisler)
- Verfassen von Musikkritiken (für die Leipziger Allgemeine musikalische Zeitung)
- 1813: Umzug nach **Dresden** mit Aussicht, eine Erzählsammlung zu veröffentlichen → **Vertrag** vom 18. 3. 1813 mit Bamberger Verleger Carl Fr. Kunz: Fantasiestücke in Callot's Manier
- Spätsommer/Herbst 1813: **intensive Arbeit** an Der goldne Topf und anderen Teilen der mehrbändigen Fantasiestücke in Dresden, während in der Nähe Kämpfe gegen Napoleon stattfinden
- vorübergehend Stelle als Musikdirektor bei J. Secondas Operngesellschaft (Dresden/Leipzig)
- 4. 3. 1814: Beendigung der Niederschrift von Der goldne Topf, der noch im gleichen Jahr erscheint
- Fantasiestücke als Beginn der stärkeren öffentlichen Wahrnehmung Hoffmanns als Schriftsteller

Arbeitsleben als Jurist in Berlin (1814–1822)

- 1814: Antritt einer Stelle als **Richter** im **Berliner Kammergericht**
- Veröffentlichung des Romans Die Elixiere des Teufels (1815/16) und der Erzählsammlung Nachtstücke (1816/17)
- Uraufführung seiner Oper Undine im Nationaltheater Berlin
- 1816: Beförderung zum **Kammergerichtsrat** in Berlin
- 1816–1821: **produktive Zeit** mit **zahlreichen literarischen Veröffentlichungen**
- ab 1819: erste Anzeichen einer schweren **Erkrankung**
- gegen seinen Willen Ernennung zum Mitglied einer Kommission, die **gegen politische Störenfriede** vorgehen soll → Engagement Hoffmanns für die Betroffenen
- Zensur seiner Erzählung Meister Floh (1822), da Hoffmann sich darin über den Ministerialdirektor des Polizeiministeriums lustig macht → **Disziplinarverfahren** gegen Hoffmann
- Tod Hoffmanns am 25. Juni 1822 aufgrund der Folgen seiner Rückenmarkserkrankung

Werkauswahl

- Erzählung Der Sandmann (1816): Geschichte, in der sich die Hauptfigur in eine Menschenpuppe verliebt, sich von einem mysteriösen Mann heimgesucht sieht und sich später selbst tötet
- Kunstmärchen Klein Zaches, genannt Zinnober (1819): Hofkarriere eines verkrüppelten Menschen, der wegen eines Zaubers als Verkörperung von Kultur und Niveau wahrgenommen wird
- satirischer Roman Lebensansichten des Katers Murr (1819–21): kunstvolle Verschränkung der Biografie des Kapellmeisters Kreisler und der Autobiografie eines Katers
- Kriminalnovelle Das Fräulein von Scuderi (1820): Entlarvung eines Goldschmieds als Mörder, der – von der eigenen Kunst besessen – sein „Werk" nicht dem Kunden überlassen kann

Hoffmann: Der goldne Topf

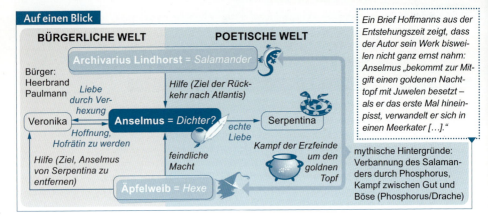

1. Vigilie

- Dresden am Himmelfahrtstag
- **Prophezeiung** durch ein **Äpfelweib**: dem Studenten Anselmus stehe ein „Fall ins Kristall" bevor
- Erscheinen dreier goldgrüner **Schlänglein** in einem Holunderbaum → **Verzückung** Anselmus'

2. Vigilie

- Anselmus' Bootsfahrt mit Registrator Heerbrand, Konrektor Paulmann und dessen Tochter Veronika → erneute Vision von den drei Schlänglein
- Vorschlag Paulmanns und Heerbrands an Anselmus: Arbeit als **Kopist** bei **Archivarius Lindhorst**
- Verhinderung der ersten Begegnung mit Lindhorst durch verhexte Klingelschnur und Türklopfer

3. Vigilie

- **mythische Erzählung** Lindhorsts von Phosphorus, der die geliebte Feuerlilie im Kampf gegen einen schwarzen Drachen wiedergewinnen konnte → Heerbrands Abwertung der Erzählung als Schwulst → Lindhorsts Bestehen auf Realitätsgehalt → emotionale Berührtheit Anselmus'
- Heerbrand vermittelt Begegnung Anselmus' mit Lindhorst, der diesen beschäftigen will

4. Vigilie

- Anselmus in **melancholisch-sehnsüchtiger Stimmung** wegen **Liebe zu dem Schlänglein**
- Gespräch mit Lindhorst:
  – **Schlänglein = Lindhorsts Töchter** → Anselmus habe sich offenbar in Serpentina verliebt
  – Aussicht für Anselmus: bei guter Kopistentätigkeit **Begegnung mit seinen Töchtern**
  – Zugang zu seinem Haus dank Flüssigkeit, die gegen bösen Zauber an der Tür wirke

5. Vigilie

- **Tagtraum Veronikas** von gemeinsamer Zukunft mit Anselmus, den sie sich als **Hofrat** vorstellt
- Beeinträchtigung des Tagtraums durch eine feindliche Gestalt, die sich in ihre Vision drängt
- Veronikas Suche nach **Hilfe bei Frau Rauerin** (= Äpfelweib) → Offenbarung durch Äpfelweib: **Lindhorst ist ihr Erzfeind** und hat Anselmus an sich gebunden → Plan, die Bindung zu brechen

Inhalt

15

6. Vigilie

- problemloser Zugang Anselmus' zu Lindhorsts zauberbehaftetem Haus mithilfe der Flüssigkeit
- blauer Saal: **goldener Topf**, in dem Anselmus seine erste Begegnung mit dem Schlänglein sieht
- müheloses Gelingen der schweren Kopierarbeiten mit Lindhorsts magischem Schreibwerkzeug
- Erklärung Lindhorsts, dass der Liebe zwischen Anselmus und Serpentina **feindliche Kräfte** entgegenstünden → Möglichkeit, diese durch **Beständigkeit der Liebe zu Serpentina** zu besiegen

7. Vigilie

- auf freiem Felde **Zauberritual Veronikas mit der Rauerin** → Gießen eines Metallspiegels
- fieberhafte Zustände Veronikas

8. Vigilie

- **Lindhorsts Warnung**: großes **Unheil** bei auch nur noch so **kleinem Kopierfehler**
- Ermutigung durch Lindhorst: Erfolg durch Beständigkeit der Liebe zu Serpentina
- **Erscheinen Serpentinas** bei Kopierarbeit und **mythische Erzählung:**
  - Geschichte ihres Vaters, der (eigentlich ein Salamander) von Phosphorus aus Atlantis **verbannt** worden sei, weil er dessen Garten nach Verlust seiner Geliebten, einer Schlange, verheert hätte
  - Vermählung Serpentinas mit Mann mit **poetischem Gemüt** → Beendigung der Verbannung
  - goldener Topf als Spiegel des **wundervollen Lebens im Zauberreich**
- Anselmus' Liebesgeständnis, Serpentinas Warnung vor Drachen (von dem Äpfelweib abstammt)

9. Vigilie

- **Auswirkung des Zaubers** von Veronika: Anselmus **denkt immer mehr an sie**
- Anselmus' Blick in Veronikas **Metallspiegel** (Geschenk des Äpfelweibs) → Liebesbegehren und **Heiratsversprechen** gegenüber Veronika → Abwertung der mythischen Welt als **Einbildung**
- ausartende Abendgesellschaft (Paulmann, Heerbrand, Anselmus): Rausch dank Punsch
- Veränderung von Lindhorsts zuvor wunderbarem Haus hin zum Normalen
- **Klecks bei Kopierarbeit** → Anselmus wird in eine **Kristallflasche** eingesperrt

10. Vigilie

- Anselmus erkennt eigenen Fehler: **Abkommen vom Glauben an die Liebe zu Serpentina**
- Angebot des Äpfelweibs, ihn bei Entscheidung für Veronika zu befreien → Anselmus' Absage
- eigentliches **Anliegen des Äpfelweibs**: Zerstörung Serpentinas, Besitz des **goldenen Topfes**
- „Endkampf": **Vernichtung des Äpfelweibs durch Lindhorst**
- Befreiung Anselmus' aus der Flasche → **Vereinigung mit Serpentina**

11. Vigilie

- Heerbrand hält als neu ernannter Hofrat um die Hand Veronikas an → Veronikas Einwilligung

12. Vigilie

- Anselmus' und Serpentinas **Leben im Wunderreich Atlantis** → Anselmus ist nun **Dichter**
- **Selbstzweifel** des Erzählers, von Atlantis erzählen zu können → Lindhorst lässt ihn mit einem Zauber Anselmus und den goldenen Topf erblicken → **Sehnsucht des Erzählers nach Atlantis**

Hoffmann: *Der goldne Topf*

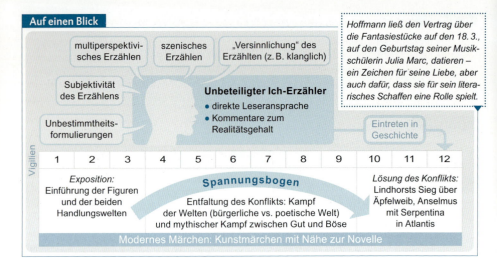

Aufbau und Struktur

- **zwölf Vigilien** – lateinisch für „Nachtwache" (→ Hinweis auf die in der vierten Vigilie konkretisierte Schreibsituation des Erzählers)
- **Schlagwörter zu Beginn** jeden Kapitels → ironisch zu verstehen, da keine Inhaltszusammenfassung, sondern Nennung banaler Details
- **Spannungsbogen:**
  - **Exposition** in den Vigilien 1–3: **Einführung der Figuren** und der **beiden Welten** (bürgerliche Welt und mythisch-poetische Welt)
  - **Entfaltung des Konflikts** in den Vigilien 4–9: **Kampf der Welten** (Student oder magischer Kopist? Zukünftiger Hofrat oder Poet?) und **Kampf von Gut und Böse um Anselmus** (Sieg des Äpfelweibs oder Lindhorsts?) → mit retardierendem Moment (Zuwendung zu Veronika)
  - **Lösung** in den Vigilien 10–12: **Besiegen des Äpfelweibs** durch Lindhorst, Veronikas Einwilligung in Heirat mit Heerbrand, **Anselmus als Dichter mit Serpentina in Atlantis**
- erzählerischer Wechsel zwischen Fokus auf poetischer Welt (Vigilie 4, 6, 8, 10) und auf bürgerlicher Welt (Vigilie 5, 7, 9, 11) → Spiegelung der Polarität der Wirklichkeiten

Erzählweise

- **unbeteiligter Ich-Erzähler:**
  - Erzählen der Geschichte des Studenten Anselmus in der **Er-Form**
  - **Reflexionen des Ich-Erzählers:** direkte Ansprache des Lesers, Bekräftigung des Realitätsgehalts der wundersamen Begebenheiten (insbesondere zu Beginn der 4. Vigilie)
- **multiperspektivisches Erzählen** im Sinne des Wechsels der Erzählperspektive:
  - Zurücktreten des allwissend scheinenden Erzählers zugunsten **personalen Erzählens**
  - **Subjektivität** der Wahrnehmung: Verunsicherung beim Leser hinsichtlich des Realitätsgehalts
  - teilweise gleiche Begebenheit oder Person aus mehreren Perspektiven dargestellt
- **Wechsel der Sichtweise** auch innerhalb der Figuren (beispielsweise bei der Raumwahrnehmung: Hexenküche der Rauerin ist zugleich eine gewöhnliche Stube)

Aufbau und Form 17

- kunstvolle Erzählung von Verwandlungen (z. B. Menschen in Tiere) bzw. Transformationen
- Darbietungsformen:
  - **direkte Gedankenwiedergabe:** unvermittelte Darstellung des Innenlebens
  - Erzählerbericht in Verbindung mit **personalem Erzählen**
  - Elemente **szenischen Erzählens:** z. B. direkte Rede und ausgeprägte Schilderung von Gestik und Mimik → theatralisches Mittel
- Rückgriff auf Symbole: goldener Topf, Kristallspiegel, Schlange

Sprache

- **Unbestimmtheitsformulierungen** (z. B. andeutende Vergleiche, Darstellung von Gefühls- und Gedankenverwirrung, Verb „scheinen") – Verunsicherung der Realitätswahrnehmung bei Figuren und Leser
- häufige **Stilmittel:**
  - **Synästhesien** → Widerspiegelung einer ganzheitlichen, mehrere Sinne umfassenden Wahrnehmung
  - **Lautmalereien** → Vergegenwärtigen der Geräusche der Natur
  - **Personifikationen** → sprechende Natur als Zeichen der Beseeltheit der Welt
  - **Vergleiche** → als Ausgangspunkt für Darstellung von Metamorphosen
  - **Wiederholungen** → Intensivierungen (insbesondere bei Ansprache durch wunderbare Wesen)
- starke Präsenz von Begriffen aus dem Bereich der **Musik** bzw. der **Geräusche** (auch für die Bildung von Metaphern) → sinnliche Vergegenwärtigung
- teilweise recht lange Sätze mit **komplexer Syntax**
- **Sprache der Philister** (bürgerlich-floskelhafte, gestelzte Sprache) vs. **Sprache der Poesie** (Lautmalereien, Alliterationen, Binnenreime etc.) → Widerspiegelung der zwei Wirklichkeiten
- große **visuelle Kraft** der Sprache (z. B. durch auf Farben und Lichteffekte bezogene Wörter)

Gattungs- und Epochenzugehörigkeit

- **Kunstmärchen:**
  - Untertitel des Textes: „Ein Märchen aus der neuen Zeit" → Verknüpfung zweier eigentlich widersprüchlicher Wendungen: **„Märchen"** (historisch nicht verortbar) und **„neue Zeit"** (historische Situierung)
  - **Märchenelemente:** wundersame Begebenheiten; Kampf zwischen Gut und Böse; magische Dinge (z. B. Metallspiegel, goldener Topf); fantastische Figuren und Verwandlungen; Happy End
  - kunst- und anspruchsvolle Erzählung; z. T. komplexe Sprache und Passagen
- Nähe zur **Novelle:**
  - unerhörte Begebenheit des Kampfes zwischen Lindhorst und Äpfelweib
  - Dingsymbol des goldenen Topfes
- Zuordnung zur **Epoche der Romantik:**
  - **typische Epochenmotive:** Träume, Sehnsucht, Verwandlungen, Macht des Unbewussten und des Wunderbaren, Natur als Sehnsuchtsort etc.
  - gegen Aufklärung: Betonung des **rational nicht zu Erschließenden**
  - Schaffen einer eigenen **poetischen Wirklichkeit** → mit **Selbstreflexion des Erzählens**
  - Illusionsbrüche durch **romantische Ironie**
  - **Hochschätzung** der Gattung Märchen

Hoffmann: *Der goldne Topf*

Biografische Lesart

- **Julia Marc**, Musikschülerin des Autors, als **Vorbild für viele Frauengestalten** Hoffmanns, v. a. auch für die Gestaltung Serpentinas → literarische Artikulation **persönlicher Sehnsüchte**
- **biografische Verschlüsselung:** Anselmus = Name des Schutzheiligen für den 18. März (= Julia Marcs Geburtstag)
- Situation in Dresden zum Zeitpunkt des Schreibens → **fantasievolle Märchenwelt** als Möglichkeit, gedanklich aus der bedrückenden **Kriegswirklichkeit** um und in Dresden zu **entfliehen**
- Anselmus **zwischen Kunst und Bürgerlichkeit:** Spiegelung von Hoffmanns Position zwischen **künstlerischem Leben** (u. a. als Komponist, Kapellmeister und Schriftsteller) und **bürgerlichem Leben** (als Jurist und Beamter)

Poetologische Lesart

- Anselmus' Geschichte als Geschichte von der **Entwicklung zum Dichter:**
  – Anselmus' **Persönlichkeit als Voraussetzung**: dank „kindliche[m] poetische[n] Gemüt" Offenheit für das Poetische, für das Traumhaft-Wunderbare, für Serpentina
  – Ausbildung/Reifung zum Dichter bei Lindhorst: Anselmus zunächst als **Kopist** (→ handwerkliche Fähigkeiten), der zusehends die fremde Sprache (die Ursprache) versteht; Anselmus dann als **Erzähler eines Mythos** aus der anderen Welt – inspiriert von Serpentina → neben handwerklichen Fähigkeiten bedarf es der **Inspiration** (einer Muse), um dichten zu können
  – Eingang in Atlantis als **Reich poetischer Existenz**
- **Selbstreflexionen** des Erzählers über das Erzählen: Wissen um Skepsis des Lesers hinsichtlich des Realitätsgehaltes des Erzählten → Bekräftigung der Wahrhaftigkeit
- Erzähler als Figur der 12. Vigilie: Erkenntnis, dass **Poesie und Realität** einander nicht ausschließen (Erzähler gleichzeitig in Dresden und in Atlantis) → Umsetzung des romantischen Ideals: Poetisierung des Lebens
- **dialektisches Verhältnis** von **Dichtung und Leben** bzw. **Realität und Idealität:** beide Sphären verweisen jeweils aufeinander

Deutungsansätze 19

Psychologische / psychoanalytische Lesart

- Anselmus als **psychisch Kranker mit schizophrenen und melancholischen Zügen:** z. B. Wechsel zwischen zwei Wahrnehmungswelten bzw. verzerrte Weltwahrnehmung, Verfolgungswahn, Halluzinationen, Verzweiflung und Einsamkeitsempfindungen, große Einbildungskraft → Anselmus' Übertritt ins Reich Atlantis als Suizid
- **Tiefenpsychologie: Serpentina** als **Personifikation des Unbewussten** und als **Anima** (Begriff des Psychoanalytikers C. G. Jung: beim Mann weiblicher Seelenteil und inneres Idealbild einer Frau, das nach außen auf reale Frauen projiziert wird)
- **narzisstische Züge:** Serpentina als Teil von Anselmus' „poetischem" Innenleben → insofern Verehrung Serpentinas eigentlich Verehrung des eigenen poetischen Geistes
- Werk als **künstlerische Fantasie gelingender Liebe** im Gegensatz zur unmöglichen Liebe zu Julia Marc in Hoffmanns Leben

Philosophische Lesart

- Anklänge von Hoffmanns Werk an die (romantische) **Naturphilosophie G. H. v. Schuberts:**
  - Traumsprache als bilderhafte Sprache, die der **Natur des Geistes** näher ist als die Wortsprache
  - Verwandtschaft der Traumsprache mit der Poesie
  - Annahme eines **glücklichen**, mit der Natur eng verbundenen **Urzustandes** (auch als „Goldenes Zeitalter" bezeichnet), von dem sich die Menschheit entfremdet hat
  - **Wiedererlangung dieser Zeit** spiegelt sich in der **Rückkehr Lindhorsts in das Phosphorus-Reich** und in **Anselmus' Ankunft in Atlantis**
- Sehnsucht nach der **All-Einheit des Seins** und nach verlorener Einheit von Poesie und Leben:
  - Wunsch nach Vereinigung mit der Natur bereits spürbar in der Holunderbaum-Szene
  - Behauptung der **All-Einheit am Ende der Erzählung:** „Ist denn überhaupt des Anselmus Seligkeit etwas anderes, als das Leben in der Poesie, der sich der heilige Einklang aller Wesen als tiefstes Geheimnis der Natur offenbaret?"
- Kritik an Aufklärung:
  - kein Geschichtsmodell, das von Fortschritt ausgeht, stattdessen Entfremdung von Urzustand (s. o.)
  - **Würdigung des Irrational-Intuitiven** gegenüber dem Rational-Faktischen
  - Aufwertung der **Kraft des Glaubens** (im Sinne von Serpentinas Devise: „glaube, liebe, hoffe!")
- Erkenntnistheorie: **Verunsicherung der Überzeugung**, dass menschliche Erkenntnis eine objektive **Abbildung der äußeren Wirklichkeit** darstelle

Soziologische Lesart

- kritische Auseinandersetzung mit dem erstarkenden Bürgertum und vor allem mit dem Typus des Philisters
- **Bürgertum vs. Künstlerschaft:** Widerstreit zweier Lebenskonzepte → Gebundenheit vs. Ungebundenheit; gesellschaftlicher Aufstieg vs. Selbstverwirklichung; Zweckehe vs. Seelenliebe
- **Genderorientierte Perspektiven:**
  - Widerspiegelung der **Abhängigkeit der Frau** vom Mann: Veronika kann nur als Frau eines Hofrats Hofrätin werden – dabei aber aktives Betreiben dieser Form der „Karriere" (Suche nach Unterstützung durch dunkle Mächte)
  - Frauenbilder: **Idealisierung** der Frau (Serpentina) und **Dämonisierung** der Frau (Äpfelweib)

Romantik

Auf einen Blick

Gegenbewegung zur Aufklärung:
- kein Glaube an Fortschrittsoptimismus
- Betonung des Geheimnisvollen und Irrationalen gegenüber dem Rationalen
- Distanz zu bürgerlichem Nützlichkeitsdenken

„Dran erkennst du den Philister:
Fremde Leistung gern vergißt er,
Doch, was er macht, riesig mißt er;
Weisheit stets mit Löffeln frißt er,
Mit – Gescheitern steht im Zwist er;
Die Regierung zieht der List er;
Beugt sich tief vor dem Minister!"
(Gedichtauszug, Verfasser unbekannt)

ROMANTIK

Philisterkritik –
Kennzeichen von Philistern:
- Beschränkung auf ritualhaftes Alltagsleben
- Überheblichkeit und Selbstüberschätzung
- Poesie und Religiöses nur aus Gewöhnung – kein echter Sinn für entsprechende tiefe Empfindungen
- Abneigung gegenüber Begeisterung

Poetologie – Romantisierung der Welt:
- Ziel: Wiederfinden des ursprünglichen Sinns und der verlorenen Einheit der Welt
- Mittel: „qualit[ative] Potenzierung" – Erweiterung des „Normalen" ins Höhere, Geheimnisvolle, Unbekannte, Unendliche

Rüdiger Safranski: Romantik – Eine deutsche Affäre (Auszüge) [gA/eA]

Textgrundlage
- Auszug aus einer literaturgeschichtlichen Darstellung der Romantik aus dem Jahr 2007
- Darstellungsziel der Auszüge: rückblickende **Charakterisierung der Romantik**
- Rüdiger Safranski (geb. 1945): Literaturwissenschaftler und Philosoph der Gegenwart

Inhalt
- Romantik als **Gegenbewegung zur Aufklärung**, deren Ideale angesichts der historischen Entwicklungen doch nicht zu tragen scheinen:
  - Beeinträchtigung des Glaubens an Kalkulier- und Planbarkeit durch Wirtschaftskrisen und Kriege (1780er, 1790er)
  - Umschlagen der vernünftigen Umgestaltung der politischen Verhältnisse (Französische Revolution) in Terreur (Terrorherrschaft) → Erschütterung des Glaubens an aufgeklärtes Denken, das die „Nachtseiten" des Lebens und die „dunkle Natur" des Menschen nicht berücksichtigt
- Romantiker: Thematisierung des Ungeheuren im Menschen und um ihn herum – gepaart mit **Zweifel am Fortschrittsglauben** und mit der Tendenz zur Verlagerung auf das „gute Alte"
- Veränderung der Mentalität: **Distanz zum Rationalismus**
- Sehnsucht, **individuell** nach dem **eigenen Glück zu suchen** → Aufbruch als Motiv
- „Unbehagen an der Normalität" und an der Gewöhnlichkeit
- Versuch, das Leben vor der aufklärerischen **„Entzauberung" zu bewahren** → Suche nach dem Geheimnisvollen (u. a.: poetischer Geist, Fantasie, philosophische Spekulation)
- Vorläufer von Max Webers Zeitdiagnose, nach der die Moderne ein „stahlhartes Gehäuse" ist, da in ihr alles als rational erklärbar gilt und das Leben und die Arbeit rationell organisiert werden
- Frontstellung der Romantiker **gegen bürgerliches Nützlichkeitsdenken** und **gegen die mechanistischen Naturwissenschaften**, die die Natur erkennen und nutzbar machen wollen

Novalis: [Romantisierung der Welt] / 77. „Blüthenstaub"-Fragment (Auszüge)

Textgrundlagen
- Auszüge aus philosophisch geprägten Fragmentsammlungen (1798)
- Novalis (= Friedrich von Hardenberg, 1772–1801): Dichter der Romantik und Philosoph

Vertiefungstexte

Inhalt: [Romantisierung der Welt] [gA/eA]
- Darstellungsziel des Auszugs: Klärung des **romantischen Schreibansatzes** → Poetologie
- Forderung, die Welt zu „romantisieren" – mit dem Ziel, den **ursprünglichen Sinn** wiederzufinden und die **verlorene Einheit** der Welt, ihre Totalität, erahnbar zu machen
- Mittel: „**qualit[ative] Potenzierung**", z. B.:
  - niederes Selbst mit besserem Selbst identifizieren
  - dem Gemeinen einen hohen Sinn geben
  - dem Gewöhnlichen etwas Geheimnisvolles verleihen
  - dem Bekannten die Würde des Unbekannten verleihen
  - dem Endlichen einen unendlichen Schein geben

Inhalt: „Blüthenstaub"-Fragment [eA]
- Darstellungsziel des Auszugs: **Philister-Kritik** durch ironische Beschreibung von Philistern
- Alltagsleben: geprägt von gleichbleibenden, auf das **irdische Dasein** gerichteten Tätigkeiten
- Philister: Beschränkung auf das **Alltagsleben** und damit auf das irdische Leben
- **Poesie** nur **aus Gewöhnung**, Vergnügungen nur „mühsam und förmlich" → Reisen, Hochzeiten, Taufen und Kirchbesuche als ihre Höhepunkte des „Poetischen"
- **Religion** als Opiat, das betäubt und Schmerzen stillt → religiöse Verrichtungen ebenfalls nur **aus Gewöhnung**, d. h. weitgehend **inhaltsleer** → Verweltlichung der Religion

Clemens Brentano: Der Philister vor, in und nach der Geschichte (Auszüge) [eA]

Textgrundlage
- Auszüge aus einer (so der Untertitel) „Scherzhaften Abhandlung" (1811)
- Darstellungsziel der Auszüge: **Philister-Kritik** durch die ironische Beschreibung des Alltags und der Gewohnheiten eines Philisters
- Clemens Brentano (1778–1842): Dichter der (Heidelberger) Romantik

Inhalt
- **Ritualhaftigkeit** des Alltags eines Philisters (immer gleiches Verhalten) – z. B. Aufstehritual
- (fast schon abergläubisches) Für-wichtig-Halten verschiedener täglicher Verrichtungen, die eigentlich bedeutungslos sind
- **Behäbigkeit** im Alltag
- Vorliebe vieler Philister für das **Rauchen** – Auffassung, dass es den Raum zu **Philosophie** und **Literatur** öffne
- **Selbstbild** des Philisters: **Bedeutsamkeit der eigenen Existenz**
- Glaube der Philister an die Aufklärung, die sie geistig beflügele
- **Selbstüberschätzung**, Selbstbeweihräucherung, eingebildete, **überhebliche Einstellung**, Arroganz als Kennzeichen eines Philisters
- negative Einstellung des Philisters zum deutschen Volk, zugleich aber Idealisierung einer abstrakten „Deutschheit", die jedoch erst noch verwirklicht werden müsste
- Haltung von Philistern: **Überschwang** gilt ihnen als Indiz für **Verrücktheit**
- Bevorzugung des **Nützlichkeitsdenkens** vor religiösen oder metaphysischen Denkmustern
- **Phrasenhaftigkeit** in der Kommunikation

Geiger: *Unter der Drachenwand*

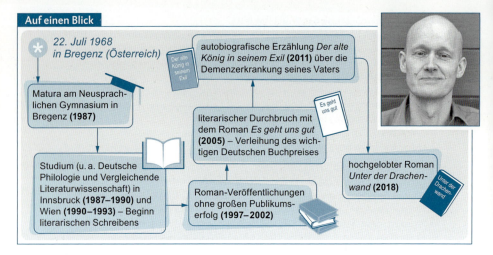

Kindheit und Jugend (1968–1987)

- Geburt am 22. Juli 1968 in Bregenz am Bodensee (Österreich)
- **Vater** August Geiger: Gemeindesekretär; **Mutter:** fünfzehn Jahre jüngere Grundschullehrerin (nach Geigers Aussage eine Frau mit modernen Ansichten) → teilweise schwierige Beziehung der Eltern, aber Gleichberechtigung im Verhältnis der Eltern
- Kindheit und Jugend in der Marktgemeinde Wolfurt (in der Nähe von Bregenz) mit einer Schwester und zwei Brüdern
- in der Kindheit gute Beziehung zum Vater, in der Pubertät dann zunehmend Schwierigkeiten
- u. a. durch die Erfahrungen des Vaters im Krieg: Bedürfnis nach Geborgenheit und Sicherheitsdenken → Weitergabe dieser Haltung an die Kinder
- Ablegen der **Matura** im Jahr 1987 am Neusprachlichen Gymnasium in Bregenz

Studium und Beginn der freien Autorentätigkeit (1987–2005)

- 1986–2002: im Sommer Tätigkeit als **Bühnenarbeiter/Tontechniker** bei den berühmten **Bregenzer Festspielen**
  – „unbeschwerteste Zeit" (Zitat Geiger) in Geigers Leben
  – Kennenlernen **verschiedener Lebensentwürfe** → Bestärkung im Bestreben, Künstler zu werden
- ab 1987: **Studium** in Innsbruck: Belegung der Fächer *Deutsche Philologie, Alte Geschichte* und *Vergleichende Literaturwissenschaft* – im Jahr 1990 Wechsel nach **Wien** (bis heute sein Lebensmittelpunkt) → in den ersten Studienjahren **Beginn des intensiveren Schreibens** (auch als Form der Selbstfindung)
- 1993: Abschluss des Studiums mit einer Diplomarbeit zum Thema *Die Bewältigung der Fremde in den deutschsprachigen Fernreisetexten des Spätmittelalters*
- 1993/94: Teilnahme an einer ORF-internen Drehbuchwerkstatt – Beginn seiner freien Autorentätigkeit
- Nachwuchsstipendium des österr. *Bundesministeriums für Wissenschaft, Forschung und Kunst*
- Trennung der Eltern nach der Pensionierung seines Vaters

Biografie

- Veröffentlichung erster Erzählungen
- 1996: Teilnahme am renommierten **Ingeborg-Bachmann-Wettbewerb** → Kontakt zum *Carl Hanser Verlag*, bei dem er von da an veröffentlicht
- Veröffentlichung des **ersten Romans** *Kleine Schule des Karussellfahrens* (1997), der wie die nächsten Romane beim Lesepublikum **wenig erfolgreich** ist → trotz mangelnden Erfolgs in dieser Zeit weiteres Leben als Schriftsteller wegen **Leidenschaft für das Schreiben** und wegen des Potenzials, **sich durch das Schreiben zu entwickeln**
- Verleihung des *Abraham Woursell Awards* (1998)
- Veröffentlichung des Romans *Irrlichterloh* (1999)
- 1999: *Vorarlberger Literaturstipendium*
- **Demenzerkrankung des Vaters** → über Jahre hinweg immer wieder wochenlange Betreuung des Vaters in Geigers Elternhaus (im Wechsel mit den Geschwistern) → Annäherung zwischen Geiger und seinem Vater sowie Zusammenrücken der Familie
- Veröffentlichung des Romans *Schöne Freunde* (2002)
- 2004: erneute Teilnahme am Ingeborg-Bachmann-Wettbewerb (mit Erzähltext *Wie verwandelt*)

Zeit des schriftstellerischen Erfolgs (2005 – heute)

- in einer wegen des ausbleibenden Erfolgs schwierigen Situation: **literarischer Durchbruch** mit dem Roman *Es geht uns gut* (2005) → Gewinner des **Deutschen Buchpreises** (2005 zum ersten Mal verliehen) → in der Begründung der Jury wurden insbesondere die „hohe[] Anschaulichkeit" und die „klug komponierten Schnitte[]" des Romans gelobt
- um 2009: Umzug des 83-jährigen Vaters in ein örtliches Altersheim → Ende der intensiven häuslichen Betreuung des Vaters
- Veröffentlichung des Romans *Alles über Sally* (2010), der wenig später vom SWR für ein Hörspiel adaptiert wird
- Veröffentlichung der autobiografischen Erzählung *Der alte König in seinem Exil* (2011), in der Geiger die Demenzerkrankung seines Vaters und seinen Umgang damit darstellt
- Hörspiel *Das Haus meines Vaters hat viele Zimmer* (2013)
- Veröffentlichung des Romans *Selbstporträt mit Flusspferd* (2015)
- immer wieder Besuche in der Bregenzer Region, mit der Geiger emotional sehr verbunden ist und aus der auch seine Ehefrau stammt
- Veröffentlichung des Romans *Unter der Drachenwand* (2018), für den er **mehrere Jahre lang recherchierte** (Lektüre vieler Briefe und Tagebücher) und den er dann innerhalb von **vier bis fünf Monaten** niederschrieb
- 2019: *Europäischer Literaturpreis* (Niederlande) für *Unter der Drachenwand*

Werkauswahl

- Roman *Es geht uns gut* (2005): Familien- und Gesellschaftsroman, der in episodischen Schilderungen ein **Bild von drei Generationen** einer Familie entwirft und so auch einen Teil österreichischer Zeitgeschichte skizziert
- Roman *Alles über Sally* (2010): Beziehungsroman, der schwerpunktmäßig aus der **Perspektive** einer etwa **50-jährigen Frau** erzählt wird
- autobiografisches Werk *Der alte König in seinem Exil* (2011): Darstellung der Beziehung zum **demenzkranken Vater**, in der das Unverständnis für das Verhalten des Vaters zunehmend der Akzeptanz für die Krankheit weicht → Annäherung von Vater und Sohn

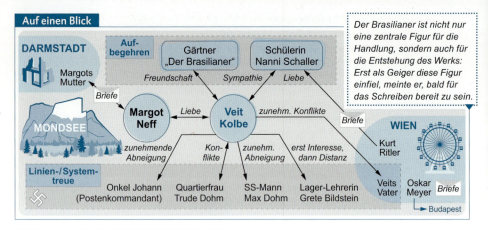

Kapitel 1 bis 6: Hauptgeschehen Teil 1

- **Verwundung** des Soldaten **Veit Kolbe** im II. Weltkrieg in der Ostukraine (Nov. 1943) → langsame Besserung des Gesundheitszustandes in Saarländer Lazarett → Fahrt zu Eltern nach Wien
- Unzufriedenheit Veits bei seinen Eltern → Entscheidung für **Genesungsurlaub in Mondsee**
- in Mondsee: schlecht ausgestattete Unterkunft und schroffe Quartierfrau
- Besuch des Onkels, der die Unterkunft vermittelt hat, an dessen Arbeitsplatz (Gendarmerie)
- erste Begegnung mit Mieterin des Nebenzimmers, einer **Darmstädterin (→ Margot) mit Baby**, die Veit in den folgenden Monaten **immer besser kennenlernt**
- Begegnung mit den ankommenden Mädchen des Mädchenlagers *Schwarzindien* (→ St. Lorenz)
- Kennenlernen der distanziert bleibenden Lagerlehrerin (= Grete Bildstein)
- Gespräch mit den Lagermädchen als willkommene Abwechslung für diese und für ihn
- **Panikattacke und schlechte Träume** → **nächtlicher Besuch beim „Brasilianer"**, der nachts seine Gärtnerei beheizt → ab jetzt häufigere Besuche Veits beim Brasilianer
- Gretes Mitteilung, dass die **Schülerin Nanni** wohl etwas mit ihrem **Cousin Kurt** hat

Kapitel 7 bis 9: Briefe anderer Figuren

- Briefe an Margot von ihrer Mutter: Bombenangriffe in Darmstadt und dürftiges Alltagsleben im Krieg
- Briefe von Kurt an Nanni: Familienalltag, Sehnsucht nach Nanni, Vorhaben, sie an Ostern zu besuchen – Versuch der Eltern, den Kontakt zwischen ihnen zu unterbinden
- Briefe des Wiener Juden Oskar Meyer: erzwungener Auszug der Familie aus Wohnung (1939), Erschwerung des Lebens durch die Nazis, scheiternde Ausreisepläne – Flucht nach Ungarn

Kapitel 10 bis 16: Hauptgeschehen Teil 2

- zunehmende **Vertrautheit Veits mit dem Brasilianer**, der die Nazis verachtet
- Panikattacke Veits → Nannis Hilfe → Veits Weigerung, ihr mit Brief an die Mutter zu helfen
- Verschreibung von Pervitin als Beruhigungsmittel, das Veit ab jetzt bei Anfällen nimmt
- **Verschwinden Nannis** → Veits Onkel vernimmt einige Tage später ihre besorgte Mutter
- zweitägiger Besuch der (wegen Nanni besorgten) Eltern der Mädchen in Mondsee/St. Lorenz
- brutale **Verhaftung des Brasilianers** durch die Geheimpolizei nach dessen **NS-kritischen Bemerkungen** → ab jetzt **Bewirtschaftung der Gärtnerei durch Veit und Margot**

Inhalt

- Beginn einer **Liebesbeziehung zwischen Margot und Veit** → erste sexuelle Erfahrungen
- Nachricht von Rechtsanwalt: halbjährige Haftstrafe für den Brasilianer
- Erschießung der Hündin des Brasilianers durch SS-Mann Dohm (Ehemann der Quartierfrau)
- Veits zunehmende Angstzustände, da Prüfung der Verwendungsfähigkeit näher rückt
- in Wien: **ärztliche Feststellung seiner Feldtauglichkeit** → Veits Einspruch → Termin beim Facharzt: **erneute Krankschreibung** (wohl aus Sympathie) → große Freude

Kapitel 17 bis 19: Briefe anderer Figuren

- *Briefe von Kurt an Nanni: schwieriges Verhältnis zu Eltern, militärische Ausbildung, immer wieder Gedanken an Nanni, zerstörerischer Angriff, „Kriegsalltag"*
- *Briefe von Oskar Meyer an Jeannette: Leben in Budapest unter falscher Identität → erst große Erleichterung, dann kräftezehrendes Leben → Verschwinden von Frau und Kind → extreme psych. Belastung*
- *Briefe an Margot von ihrer Mutter: erhebliche Zerstörung Darmstadts durch Bombenangriffe, Tod vieler Verwandter/Bekannter, Hoffnung, ihrer Tochter gehe es gut*

Kapitel 20 bis 26: Hauptgeschehen Teil 3

- Radio-Nachricht: Großangriff auf Darmstadt mit 20 000 Toten: Schock für Margot
- **Rückkehr des psychisch versehrten Brasilianers** aus der Haft → Sehnsucht nach Urwald
- Veit im **Krankenrevier Vöcklabruck** (nach Versäumen eines Termins vor einigen Wochen) → **Fälschung von Unterlagen** (mithilfe gestohlener Stempelungen): „Felduntauglichkeit"
- **Auffinden der Leiche Nannis**, die an der Drachenwand in die Tiefe gestürzt ist → Begräbnis
- **Flucht des Brasilianers** wegen möglicher Konsequenzen einer Auseinandersetzung mit Dohm
- Übergabe eines Pakets mit Nannis Sachen an Grete, bald **Auflösung des Mädchenlagers**
- im Gasthaus *Schwarzindien:* **Veits Schuss auf den Onkel**, als dieser dort den **Brasilianer festnehmen will** → **Tod des Onkels** und **erneute Flucht des Brasilianers**

Kapitel 27 bis 29: Briefe anderer Figuren

- *Briefe an Margot von ihrer Mutter: Einsamkeit, Vaters traurige Briefe, Tod weiterer Bekannter, Besuche der Schwester Margots und des Vaters, Hoffnung, Margot käme mit Enkel zu ihr*
- *Briefe von Kurt an Ferdl: harter Alltag in Kaserne, Erinnerungen an Nanni, Trauer wegen Nachricht von Nannis Tod, Rückgabe von Kurts Briefen an Nanni durch Veit, Nähe zur Front*
- *Briefe/Notizen von Oskar Meyer: Deutsche auf Rückzug in Budapest, Gewalt gegen Juden, extrem schwierige Lebensbedingungen, Vermissen der Familie, Marsch zu Arbeitseinsatz im Westen*

Kapitel 30 bis 34: Hauptgeschehen Teil 4

- Verdacht der Behörden, dass der Brasilianer den Onkel erschossen habe
- Abschied von Margot und **Fahrt nach Wien**, weil Veit dorthin beordert worden ist
- Veits Besuch des Grabes seiner Schwester Hilde und **heftiger Streit mit dem Vater**
- trotz Bestechung des Arztes **amtliche Bestätigung seiner Feldtauglichkeit**
- Veit übergibt in Hainburg Kurt dessen Briefe an Nanni, die er in Mondsee erhalten hatte
- Veits Beobachtung von Zwangsarbeitern (u. a. Oskar), die Verteidigungsstellen errichten
- kurzer Besuch bei Margot: **ihr Umzug in neues Zimmer** nach Streit mit Quartierfrau
- **Abschied von Margot** und Abfahrt aus Mondsee, um dann den Zug an die Front zu nehmen

Kapitel 35: Nachbemerkungen

- *weiteres Leben der Figuren: Veits und Margots glückliche Ehe, Auswanderung des Brasilianers etc.*

Geiger: *Unter der Drachenwand*

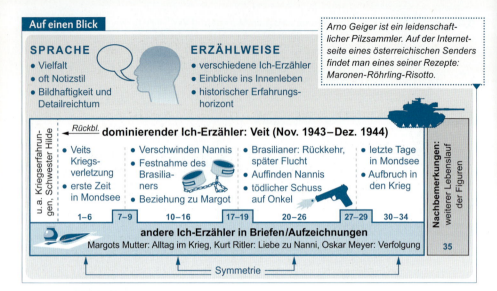

Aufbau und Struktur

- äußere Struktur: **35 Kapitel**, deren Überschriften aus den ersten Worten des Kapitels bestehen
- **Strukturierung** des Romans über die jeweiligen **Erzähler**: 5 bis 7 Kapitel mit Veit als Erzähler wechseln unvermittelt mit 3 Kapiteln, die jeweils andere Erzähler haben (Margots Mutter, Oskar Meyer, Kurt Ritler) – Kapitel *Nachbemerkungen* durch erneuten Erzählerwechsel abgesetzt
- Zeitstruktur:
  - **weitgehend chronologisches Erzählen** innerhalb der Kapitel mit gleicher Erzählperspektive, aber zeitliche Sprünge zwischen den Kapiteln mit unterschiedlicher Erzählperspektive
  - **Rückblenden:** Erinnerungen Veits an frühere Zeiten (Kriegserlebnisse, Schwester Hilde)
  - **erzählte Zeit:** Hauptgeschehen um Veit Kolbe (sowie die Briefe von Margots Mutter und Kurt Ritler) von **Ende November 1943 bis Dezember 1944**; Briefe/Aufzeichnungen Oskar Meyers: 1939 bis 1944; Nachbemerkungen: **1945 bis in die Gegenwart**
- innere Struktur:
  - **Parallelführung verschiedener Handlungsstränge:** Veits Entwicklung, seine Beziehung zu Margot, oppositionelles Verhalten des Brasilianers, Nannis Liebe zu Kurt und ihre Folgen etc.
  - **symmetrische Struktur** der Haupthandlung: Kap. 1–6 (nach Kriegsverletzung Beginn des Genesungsurlaubs) mit Entsprechung zu Kap. 30–34 (Ende des Genesungsurlaubs und Aufbruch zurück in den Krieg); Kap. 10–16 (Verschwinden Nannis, Festnahme des Brasilianers) mit Entsprechung zu Kap. 20–26 (Auffinden Nannis, Rückkehr des Brasilianers)
  - Höhepunkte: Festnahme des Brasilianers, Veits tödlicher Schuss auf seinen Onkel
- Raumstruktur: verschiedene Orte → verschiedene Lebensbedingungen in Kriegszeiten
- **Schrägstrich** („/") als Unterteilungszeichen innerhalb von Absätzen → zusätzliche **Rhythmisierung** – zudem nach Geiger ein Element, das die **konventionelle Romanform** in einem Detail bricht, um zu signalisieren, dass das Werk für ihn mehr als einfach nur ein Roman ist
- unvermittelte Einbettung der Briefe, keine Abgrenzungen einzelner Briefe innerhalb der Kapitel
- kursive Passagen: Notizen in Notizbuch → Charakterisierung des Ich-Erzählers als Schreibender

Aufbau und Form

Erzählweise

- **verschiedene Ich-Erzähler** mit Veit Kolbe als dominierendem Erzähler
  - **Nähe des erzählenden zum erlebenden Ich** → weitgehend Erzählen **aus dem historischen Erfahrungshorizont heraus** (also kein Wissen über den geschichtlichen Fortgang)
  - „direktes" Erzählen bei Veit (kein Adressat) vs. „indirektes" Erzählen in den Briefen (Adressaten)
  - Perspektivwechsel → **auffächernde Schilderung des Alltags in Kriegszeiten**
- dezente selbstreflexive Thematisierung des eigenen Erzählens („Und ich weiß, es sind schon ereignisreichere Geschichten von der Liebe erzählt worden [...]. Nimm es oder lass es.", S. 205)
- Vorherrschen des **Erzählerberichts**:
  - meist Schilderung äußeren Geschehens/Tuns → Erzeugung eines **genauen Bildes des Alltags**
  - z. T. **kommentarartige Einlassungen** (z. B.: „Der Zug fuhr sofort wieder ab, ich glaube, das war mein Glück [...]", S. 20) – bis hin zu **reflektierenden Abstraktionen** (z. B.: „Das alles vermischte sich zu etwas, das für mich eine Essenz von Krieg ist.", S. 10)
  - Figurenrede: wörtliche Rede i. d. R. eingebettet in den Erzählerbericht und zudem oft kombiniert mit indirekter Rede oder berichteter/erzählter Rede → Abwechslungsreichtum
- immer wieder auch Darstellung des eigenen **Innenlebens** → Nähe zu den Figuren:
  - Widerspiegelung **innerer Vorgänge** durch anschauliche Darstellung, z. B. von Veits Anfällen
  - direkte Benennung von Gefühlen (z. B.: „[...] weckten ein Gefühl der Zufriedenheit", S. 190)
  - **Einblicke in Gedankengänge** (z. B.: „oft dachte ich, er sei jetzt verstummt", S. 77)
- **Nachbemerkungen:**
  - zwar auch ein erzählendes Ich, aber Vorherrschen der **Außenperspektive** auf die Figuren
  - **Suggestion von Authentizität:** gerade auch durch die Wissenslücken wirkt es so, als seien die Lebensläufe der Figuren **recherchiert** worden → Suggestion von Herausgeberschaft
- atmosphärische Beschreibungen der Landschaft, des Wetters etc. → Stimmungsvermittlung
- Briefe: **Beziehungsorientierung** in den Briefen von Margots Mutter und Kurt durch direkte Adressatenansprache vs. **Übermacht der schrecklichen Erfahrungen** in Oskars Briefen

Sprache und Stil

- **vielfältige Sprache, reiche Wortwahl** (viele veranschaulichende Attribute), variable Syntax
- teilweise **notizhafter Stil**, u. a. gestützt durch **Ellipsen**, Tendenz zu **parataktischen Reihungen** (z. B. S. 7), nachgestellte Elemente (z. B.: „döste bis fünf in der Früh, draußen kalt und trübe", S. 21), umgangssprachliche Elemente (z. B.: „So ging's bis [...]", S. 8)
- **präziser, differenzierter Stil** und **Detailreichtum** – u. a. durch **nachgestellte Attribute** (z. B.: „ich sah aus wie ein Unterseebootmann, der von einer Fernfahrt kommt, furchtbar", S. 12) und durch Relativsätze
- **bildhafte Sprache** (z. B.: „als würde ich [...] verschluckt", Herz als „leistungsfähige Pumpe", S. 7; Nacht „fällt aus dem All", S. 362) → intensivierende Veranschaulichung, plastische Darstellung
- **Personifizierungen**, z. B. des Krieges (S. 7) → Krieg als eigenständige Macht
- teilweise **symbolische Elemente** (z. B. „Drachenwand" → Bedrohung des Menschen)
- Benennung der politisch Verantwortlichen: Abkürzungen (z. B. „F." für „Führer") und unübliche Bezeichnungen (z. B. J. Goebbels nicht als „Propagandaminister", sondern als „Minister für Öffentlichkeitsarbeit") → Geiger wollte diese Namen/Benennungen nicht in seinem Roman haben

Literarische Form

- Elemente des **Geschichtsromans**, des **Gesellschaftsromans** und des **Liebesromans**

Geiger: *Unter der Drachenwand*

Auf einen Blick

Historisch
- Zugang zum emotionalen Raum „Krieg"
- differenziertes Bild der Zeit mit Fokus auf Alltag
- Darstellung der Judenverfolgung an O. Meyers Schicksal
- Vereinnahmung des Denkens durch die Nationalsozialisten

1942
1943
1944
1945
1946

Psychologisch
- Entwicklung Veits: Ideologietreue – Zweifel – persönlich motivierte Auflehnung
- Veits posttraumatische Belastungsstörung
- menschliche Beziehungen und Arbeit als stabilisierende Faktoren
- persönliche Schuldverstrickung
- Brasilianer und Nanni: oppositionelle Haltung

Philosophisch
- angesichts gesteigerten Bewusstseins für eigene Sterblichkeit: Bedürfnis nach Leben
- Kulturkritik des Brasilianers
- Mensch mit Potenzial zum Guten und Schlechten

Biografisch
Vater als junger Mann im Krieg

Den Anstoß für den Roman hat dem Autor eine Reihe von Briefen gegeben, die er auf einem Wiener Flohmarkt erworben hatte. Es handelte sich um die Korrespondenz des Lagers „Schwarzindien".

keine Allgemeingültigkeit nur eines Deutungsansatzes, sondern immer Zusammenspiel mehrerer Lesarten

Biografische Lesart

- Tod von Geigers Großvater im II. Weltkrieg und Kriegserfahrungen seines Vaters, der mit 17/18 Jahren zur Ostfront kam: **Präsenz des Krieges** in Geigers Leben (z. B. keine Urlaube, weil Vater nicht von zu Hause wegwollte) – Bedürfnis nach Sicherheit vom Vater „geerbt" (Zitat Geiger)
- Autor „beim Schreiben" als „Stellvertreter" (Zitat Geiger) seiner Figuren → emotionale Nähe → dadurch auch starke Auswirkungen des Erzählten auf den Autor → Schreiben als Erfahrung

Historische Lesart

- **Verhältnis von Wirklichkeit und Fiktion:**
  – Roman als „erfundenes Haus mit echten Türen und Fenstern" (Zitat Geiger) → **erfundene Figuren**, aber **viele Details** aus **historischer Realität** (z. B. auch Daten der Bombardements)
  – Geigers intensive Recherchen von Zeitdokumenten (v. a. von Briefen) → kein Erzählen aus Retrospektive, sondern Erzählen aus Kriegszeit heraus, um sie **emotional zugänglich** zu machen
- differenziertes Bild der **Zeit**: Vielfalt der **Perspektiven** und **breites Panorama** von mehrschichtigen Figuren (vom SS-Mann Dohm über Veit bis hin zum oppositionellen Brasilianer)
- Fokus auf die Auswirkungen des Krieges und der NS-Zeit im Alltag der **Normalbürger*innen**
- **Judenverfolgung** v. a. am Schicksal Oskar Meyers und seiner Familie → Ausgrenzung, Entwurzelung, Ermordung
- **Indoktrination** und **Eingriffe ins Private / ins Denken** durch nationalsozialistisches Regime: Erziehung (z. B. Kinderlandverschickung), brutale Unterdrückung kritischer Meinungen (z. B. beim Brasilianer), „gleichgeschaltete" Medien (z. B. Aufruf zu Kampf an Heimatfront → Propaganda), „Zerstörung des Privaten" (Zitat Geiger) durch totalitäre Systeme und Krieg
- Versuch, die **Menschen jenseits klarer Täter-Opfer-Strukturen** zu betrachten, aber ohne Täter-Opfer-Verhältnis zu relativieren – Behandlung der **Schuldfrage** v. a. aus **persönlicher Perspektive Veits**, der sich zunehmend schuldig fühlt, am Krieg beteiligt gewesen zu sein
- Veränderung des Menschen durch den Krieg: Verrohung und Verschiebung dessen, was „Normalität" (S. 454) ist

Deutungsansätze 29

Philosophische Lesart

- **Sterblichkeit** als Grundbedingung menschlichen Lebens, der man sich in Kriegszeiten besonders bewusst ist – Veits Bedürfnis nach **nicht fremdbestimmtem Leben:** Versuch, die geringen Gestaltungsmöglichkeiten, die er unter den extremen Bedingungen dieser Zeit hat, auch zu nutzen
- **Kulturkritik** des Brasilianers: Bevorzugung **naturnaher Ursprünglichkeit** in fernen Ländern gegenüber „grausigem Europäertum" (S. 138) und den hiesigen „Maschinenmenschen" (S. 297)
- Komplexität des Menschen – **Potenzial zum Guten und Schlechten**, wobei die Kriegsjahre als Zeit erscheinen, in der „das Schlechte in den Menschen immer deutlicher zutage trat" (S. 462 f.)
- Gegenkräfte gegen deprimierenden Zustand der Welt: „Schönheit der Welt" (S. 302), Liebe
- Hinweis des Brasilianers: „Ruhig wird das Herz erst, wenn wir geworden sind, was wir sein sollen." (S. 367) → Gedanke der antiken Philosophie: „**Erkenne dich selbst**" → Andeutung, dass Veit mit seiner zunehmenden Distanzierung von Krieg und Ideologie (und ggf. auch durch seine Rettung des Brasilianers) zu sich selbst finden könne (vgl. auch die Pflanzen-Metapher, S. 177)

Psychologische Lesart

- Veit Kolbe als **gemischter Charakter:** Mitläufertum/aktiver Beteiligter im Krieg auf der einen Seite *und* Anlage zu selbstständigem Denken auf der anderen Seite
- Veits Entwicklung im Verhältnis zum Nationalsozialismus:
  - **Glaube an die nationalsozialistische Ideologie** (S. 135: „Partei war die Sinngebung meiner Jugend") in der Jugend und noch zu Beginn des Krieges
  - Wehrmachtssoldat: schreckliche Kriegserfahrungen als Grundlage für Zweifel am Krieg
  - Freundschaft zum **ideologie-/systemkritischen Brasilianer** → Nähren des Zweifels (durch Gespräche, aber auch durch den Umgang des Systems mit dem Brasilianer) → Erschießen des Onkels als Auflehnung, die aber mehr persönlich als politisch motiviert ist
- traumatische Kriegserlebnisse → **posttraumatische Belastungsstörung** mit Panikattacken – geradezu **körperliche Erfahrung** (vgl. S. 65: „es war, als sei alles in meinem Körper gespeichert") → Behandlung der Anfälle mit **abhängig machendem Pervitin**
- Bedeutung **menschlicher Beziehungen** in schwierigen, unsicheren Zeiten:
  - **Stabilisierung** durch alltagsbewährte **Liebe zu Margot**, zudem **große Bereicherung** für den unerfahrenen Veit, der sich vom Krieg seiner Lebensmöglichkeiten beraubt sieht → Gefühl der „Geborgenheit" (S. 205)
  - **charakterliche Weiterentwicklung** durch **Freundschaft** zum Brasilianer
- weitere stabilisierende Faktoren: **Arbeit** (v. a. in der Gärtnerei), Normalität, Alltag
- Veits Notizen im Tagebuch als selbsttherapeutische Tätigkeit (vgl. auch S. 11: „Vielleicht, wenn man die eigene Geschichte erzählt, findet sie eine Fortsetzung.")
- Entwicklung eines Bewusstseins für eigene **Schuldverstrickung** („ich hatte an diesem verbrecherischen Krieg mitgewirkt", S. 347, vgl. auch S. 451 und den Tagebucheintrag auf S. 453)
- Veits Schuldempfinden, weil er Nanni nicht mit einem Brief an ihre Mutter unterstützt hat, auch als Grund dafür, warum er dem Brasilianer hilft, indem er den Onkel erschießt
- Nanni Schaller und der Brasilianer als **oppositionelle**, **widerständige Figuren:**
  - Nannis Freiheitsliebe: tödlicher Ausflug in Drachenwand als „etwas Selbstbestimmtes" (S. 320)
  - Opposition bei Nanni eher **persönlich**, beim Brasilianer stärker **politisch** motiviert
- bei **Oskar Meyer:** trotz Berichten über nationalsozialistische Untaten (insb. gegenüber Juden) lange währende **Unterschätzung**, wie **gefährlich die Situation** für ihn und seine Familie ist → spätere Selbstvorwürfe, weil er nicht auch noch weiterfliehen wollte (z. B. S. 401, 417)

Grass: Katz und Maus

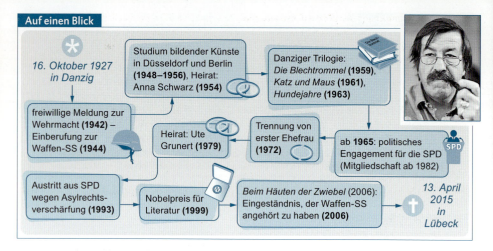

Kindheit und Jugend (1927–1946)

- geboren am 16. Oktober 1927 im **Danziger Vorort Langfuhr** als Sohn eines Protestanten und einer Katholikin, die zusammen ein Geschäft mit Kolonialwaren führten
- katholische Taufe
- drei Jahre jüngere Schwester Waltraut
- eher lockere religiöse Erziehung
- ab 1937: Besuch des Gymnasiums (u. a. des Conradinums, das auch in *Katz und Maus* vorkommt)
- als Jugendlicher **Messdiener** in der katholischen Kirche
- 1942: **freiwilliges Melden zur Wehrmacht**, um – so sagte Grass – der familiären Enge zu entkommen
- mit 16 Jahren: Luftwaffenhelfer und Einsatz im Reichsarbeitsdienst
- 1944: **Einberufung zur Waffen-SS** (Panzerdivision *Jörg von Frundsberg*) – nach eigenen Angaben ohne je einen Schuss abgefeuert zu haben oder an Kriegsverbrechen beteiligt gewesen zu sein (seine Zugehörigkeit zur Waffen-SS machte Grass erst 2006 öffentlich)
- nach Verwundung Gefangennahme bei Marienbad → **amerikanische Kriegsgefangenschaft**

Frühes Erwachsenenalter (1947–1964)

- 1947/48: Steinmetzpraktikum als Vorbereitung auf Studium
- 1948–1952: **Studium der Grafik und Bildhauerei** an der *Kunstakademie Düsseldorf*
- 1953–1956: **Fortsetzung des Studiums** an der *Hochschule der Künste Berlin*
- 1954: Heirat der Ballettstudentin Anna Margareta Schwarz, mit der Grass vier Kinder haben wird
- Mitte der 50er-Jahre: **Ausstellungen als bildender Künstler**
- erste Buch-Veröffentlichung – Gedichtband *Die Vorzüge der Windhühner* (1956), der u. a. auch mit eigenen Zeichnungen versehen ist → zeitlebens immer wieder Veröffentlichung von Gedichten
- bis 1959/60: längere Auslandsaufenthalte in Paris und in Wettingen (Schweiz) → Verfassen von Dramen, aber vor allem des Romans *Die Blechtrommel*, der Grass' Ruhm begründen sollte
- 1958: Auszeichnung mit dem **Preis der Gruppe 47** für das Manuskript *Die Blechtrommel*

Biografie 31

- Veröffentlichung der Werke der sogenannten **Danziger Trilogie** im Zweijahresabstand: Roman *Die Blechtrommel* (1959), Novelle *Katz und Maus* (1961), Roman *Hundejahre* (1963)
- teilweise scharfe Reaktionen auf *Katz und Maus* (u. a. wegen der Onanie-Szene und wegen „Verunglimpfung der katholischen Kirche")

Mittleres Erwachsenenalter (1965–1999)

- Verleihung des renommierten *Georg-Büchner-Preises* (1965)
- ab 1965: **politisches Engagement für die SPD** als prominenter Begleiter auf Wahlkampftouren – unter anderem als Redenschreiber für Willy Brandt (späterer Bundeskanzler von 1969–1974)
- ab 1969 immer wieder **Veröffentlichung von epischen Texten**, u. a.: *örtlich betäubt* (1969), *Der Butt* (1977), *Die Rättin* (1986), *Ein weites Feld* (1995), *Mein Jahrhundert* (1999)
- 1972: **Trennung von Ehefrau Anna** → Scheidung 1978
- 1972: Beziehung mit der Malerin Veronika Schröter (mit der Grass 1974 eine Tochter bekommt) → Umzug nach Wewelsfleth in Schleswig-Holstein
- 1979: Verfilmung der *Blechtrommel* durch Volker Schlöndorff
- Geburt einer Tochter, die Grass mit der Lektorin Ingrid Krüger hat
- 1979: **Heirat der Organistin Ute Grunert**, die bereits zwei Kinder hat → gemeinsames Leben in der Nähe von Lübeck
- ab 1982: **Mitgliedschaft in der SPD**
- 1987: Engagement für die SPD bei der Landtagswahl Schleswig-Holstein
- 1990: Fürsprache für eine langsame Zusammenführung der beiden Teile Deutschlands statt einer schnellen Wiedervereinigung
- 1993: **Austritt aus der SPD als Protest gegen eine Asylrechtsänderung**, die es erschwert, in Deutschland Asyl zu bekommen
- Verleihung des *Literatur-Nobelpreises* für sein Lebenswerk (1999)

Hohes Erwachsenenalter (2000–2015)

- 2006: **öffentliches Eingeständnis**, am Ende des Zweiten Weltkrieges **der Waffen-SS angehört zu haben** → Anlass einer öffentlichen Debatte über die Frage, inwieweit Grass und sein Werk als moralische Instanzen taugen
- Veröffentlichung des Gedichts *Was gesagt werden muss* (2012), in dem der Vorwurf formuliert wird, Israel gefährde als Atommacht durch seine Kernwaffen den „ohnehin brüchigen Weltfrieden" → in der Folge **heftige Kontroverse um die Aussagen des Gedichts**
- gestorben am 13. April 2015 in Lübeck

Werkauswahl

- *Die Blechtrommel* (1959): **entlarvende Darstellung der Gesellschaft** in der ersten Hälfte des 20. Jahrhunderts aus der Sicht **Oskar Matzeraths**, der mit 3 Jahren beschlossen hat, **nicht mehr zu wachsen**, und seinen Protest mit einer Kindertrommel vorbringt
- *Hundejahre* (1963): aus drei Perspektiven erzählte Lebensgeschichte zweier Männer in der ersten Hälfte des 20. Jahrhunderts, in deren **Werdegang** sich die **politischen Verhältnisse spiegeln**
- *Im Krebsgang* (2002): Auseinandersetzung des Ich-Erzählers, Sohn von Tulla Pokriefke, mit seinem **rechtsradikalisierten Sohn** sowie mit der **eigenen Lebensgeschichte**
- *Beim Häuten der Zwiebel* (2006): **autobiografische Darstellung** der Erinnerungen an die eigene Jugend und an das frühe Erwachsenenalter

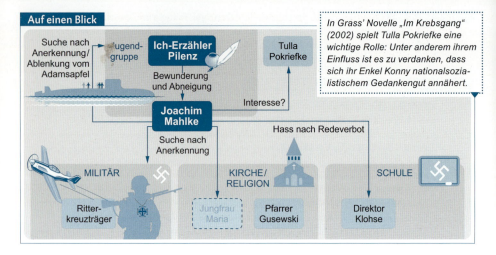

Kapitel I–IV

Kapitel I
- jugendlicher **Joachim Mahlke** als **Sonderling** – ihm wird (als er schläft) eine Katze auf den Hals gesetzt, die Mahlkes außerordentlich **großen Adamsapfel** wie eine Maus fangen will
- Mahlkes erstaunlich schnelles Schwimmen- und Tauchenlernen im Sommer des Jahres 1940
- **Schwimmausflüge einer Gruppe von Jugendlichen** zu dem vor der Küste halbgesunkenen polnischen **Minensuchboot** *Rybitwa* → mutige Tauchgänge Mahlkes, der aus dem Boot Dinge hervorholt (z. B. Plaketten), während die anderen oben sitzen

Kapitel II
- Mahlke als Katholik mit intensiver **Verehrung der Jungfrau Maria**
- **Bewunderung** des Ich-Erzählers Pilenz und der anderen Jungen für den bescheidenen Klassenkameraden Mahlke (v. a. wegen der heraufgeholten Dinge, u. a. ein Plattenspieler)
- Abschiebung Mahlkes vom *Jungvolk* in *Hitlerjugend* nach Pflichtversäumnissen wg. Gottesdienst
- Rückblick auf den Herbst 1939: Sinken der *Rybitwa* während der ersten Wochen des Krieges, nachdem es von den Deutschen erbeutet worden war

Kapitel III
- zweiter Sommer „auf der *Rybitwa*": Mitkommen Tulla Pokriefkes, vor der die anderen – außer Mahlke – auf ihre Bitte hin immer wieder onanieren
- eines Tages Onanieren Mahlkes → **Bewunderung** wegen der Größe seines Geschlechtsteils
- handgreifliche Auseinandersetzung Mahlkes mit Karel, der diesen an der Tafel karikiert hat

Kapitel IV
- Winter 1941/42: Pilenz und Schilling (Klassenkamerad) mit zwei Cousinen auf der *Rybitwa*, wo Mahlke das Eis über dem Vorschiff aufhackt → Mahlke macht auf die Cousinen **Eindruck** und sie scheinen das Interesse an Pilenz und Schilling zu verlieren
- Pilenz als **Messdiener** (bei Pater Gusewski), der beim Dienst den betenden Mahlke beobachtet

Inhalt

Kapitel V–VIII

Kapitel V
- in der Schule **Vortrag eines Kampffliegers**, der den **Ritterkreuz-Orden** erhalten hat
  → Bestürzung Mahlkes wegen der hohen Anzahl an Abschüssen, die für den Orden nötig sind

Kapitel VI
- nächster Sommer: **Mahlkes Rettung eines Jugendlichen** aus der *Rybitwa*, Entdecken der Funkerkabine → Mahlkes **Einrichten der Funkerkkabine** mit seinen Sachen (u. a. Plattenspieler)

Kapitel VII
- **Vortrag eines Ritterkreuz-Trägers** (Kapitänleutnant) über die Erlebnisse auf Kriegs-U-Boot
- **Diebstahl des Ritterkreuzes** während des Sportunterrichts, bei dem der Leutnant mitmacht

Kapitel VIII
- Ich-Erzähler folgt Mahlke auf das Boot → **Mahlke mit gestohlenem Ritterkreuz** am Hals
- Mahlkes Gang zu Oberstudienrat Klohse, dem er offenbar den Diebstahl mitteilt
- **Versetzung Mahlkes** in eine andere Schule wegen des Diebstahls

Kapitel IX–XIII

Kapitel IX
- Abwesenheit Mahlkes → Ich-Erzähler vermisst ihn
- Wiedersehen mit lockerer wirkendem Mahlke, der sich **zum Kriegsdienst** gemeldet hat
- Besuch bei Mahlke, der den **Komplex mit dem Adamsapfel überwunden** zu haben scheint

Kapitel X
- Pilenz und die anderen Jungen als **Luftwaffenhelfer** (ab Anfang 1943)
- Mitteilung von Mahlkes Mitschülern: Mahlke zu **Reichsarbeitsdienst** in Tuchel einberufen
- Mahlkes und Pilenz' Verlegenheit bei zufälligem Aufeinandertreffen
- nach dem Abitur im Februar 1944: **Pilenz' Einberufung** zum Reichsarbeitsdienst in Tuchel
- Gespräch mit Mahlkes Tante: seine Briefe, in denen er die Anzahl seiner Abschüsse aufzeichnet

Kapitel XI
- Antritt des Arbeitsdienstes in Tuchel (Frühling 1944) → kursierende Gespräche über Mahlke, der ein Jahr zuvor dort eine **Affäre mit der Frau des Oberfeldmeisters** gehabt haben soll
- Mitteilung: **Mahlkes Karriere** vom Richtschützen zum Unteroffizier bis zum Panzerkommandanten, der offenbar den **Ritterkreuz-Orden** erhalten hat

Kapitel XII
- Mahlke in seinem alten Gymnasium, wo er als Ritterkreuz-Träger einen Vortrag halten will
- **Verhinderung des Vortrags durch Klohse** wegen des früheren Diebstahls des Ritterkreuz-Ordens → **Mahlke schlägt Klohse** am späten Abend vor seinem Haus
- Abfahren des Zuges, der Mahlke zurück in seinen Dienst bringen soll, ohne Mahlke

Kapitel XIII
- Ich-Erzähler am Tag danach bei Gottesdienst: Mahlke wirkt übernächtigt und stark angeschlagen
- Mahlkes Entscheidung, nicht in den Dienst zurückzukehren und vorerst **in der Funkerkabine unterzutauchen** – Ich-Erzähler bringt ihn mit einem Ruderboot auf die *Rybitwa*
- **Verschwinden Mahlkes** in der *Rybitwa*, ohne dass Pilenz jemals wieder von ihm hört

Grass: *Katz und Maus*

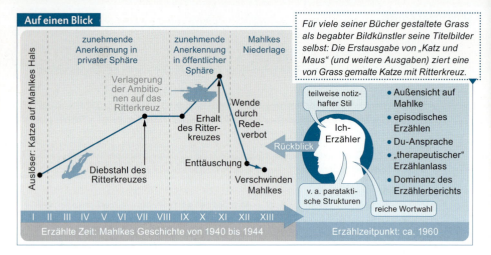

Aufbau und Struktur

- äußere Struktur: **13 nummerierte Kapitel**
- **äußerer zeitlicher Ablauf** von Mahlkes Geschichte:
  - 1940–1942: drei Sommer mit Schwimmausflügen zur *Rybitwa* – erste Taucherfolge Mahlkes (1940), Mahlkes „Potenz" (1941), Entdecken der Funkerkabine, Ritterkreuz-Diebstahl (1942)
  - 1943: Mahlke in Tuchel beim Arbeitsdienst, Pilenz bei den Luftwaffenhelfern
  - 1944: Mahlke als mit dem Ritterkreuz ausgezeichneter Panzerkommandant – nach Verweigerung der Rede in der alten Schule → Fahnenflucht, Untertauchen, vermutlich Tod
- **innere Struktur mit zwei Hauptphasen:**
  - Katz-und-Maus-Spiel mit Adamsapfel → **Auslöser** [Kap. I] für Suche nach Anerkennung
  - **1. Hauptphase:** Erwerb von **Anerkennung im privaten Bereich** (Schwimmen, Tauchen → Höhepunkt: Diebstahl des Ritterkreuzes) [Kap. II–VIII] – mit Übergangsphase: Verlagerung der Ambitionen auf das Ritterkreuz [Kap. V–VIII]
  - Versetzung an andere Schule als Zäsur (auch Zäsur für den Erzähler) [Kap. VIII]
  - **2. Hauptphase:** Erwerb von **Anerkennung im öffentlichen Bereich** („Erfolge" als Panzerschütze → Höhepunkt: Erhalt des Ritterkreuzes) [Kap. IX–XI]
  - **Wendepunkt: Verbot für Mahlke**, an seiner ehemaligen Schule zu sprechen [Kap. XII]
  - Mahlkes Fahnenflucht und Verschwinden [Kap. XIII] als Zeichen seiner **Niederlage**

Erzählerische Gestaltung

- **Ich-Erzähler** als **Nebenfigur**, die die Geschichte des Protagonisten Mahlke erzählt:
  - **Subjektivität** und **beschränkte Perspektive** → Außensicht auf Mahlke: kein Einblick in dessen Inneres → spekulative Beschreibung der psychischen Vorgänge
  - Ich-Erzähler gibt sich spät als Pilenz zu erkennen (vgl. S. 86)
  - Anzeichen **unzuverlässigen Erzählens**: gelegentliche Signale, dass etwas ggf. nicht exakt so geschehen ist, wie es berichtet wurde/wird (teilweise auch verschiedene Versionen)
  - **Präsenz des erzählenden Ichs** durch Reflexionen, Vorgriffe, Rückblenden und Kommentare

Aufbau und Form 35

- „therapeutischer" Erzählanlass: **Gespräche mit Pater Alban**, der ihn ermuntert, die Geschichte aufzuschreiben, um sich von Schuldgefühlen zu befreien (ggf. als Ersatz für Beichte)
- **Metalepse: Thematisierung der eigenen Fiktionalität** durch den Ich-Erzähler (vgl. z. B. S. 6) → Bewusstmachung der Fiktionalität der Geschichte → Hervorhebung ihrer Beispielhaftigkeit
- Reflexion des Erzählzwangs (z. B. S. 6) → ggf. Anzeichen dafür, dass Pilenz gar nicht erzählen will
- **erzählte Zeit** (der Hauptgeschichte): ca. **fünf Jahre** (1939/40 bis 1944)
- **Erzählzeitpunkt: ca. 1960** → **rückblickendes Erzählen** aus einem Abstand von etwa 15 bis 20 Jahren → große Distanz zwischen erzählendem und erlebendem Ich
- weitgehend chronologische Darstellung von Mahlkes Geschichte
- **episodisches Erzählen:** Ausgestaltung von Begebenheiten (vgl. auch die Formel „... und einmal", S. 5, 17 etc.) – dazwischen auch zeitraffende Passagen, die Entwicklungen zusammenfassen
- immer wieder **Du-Ansprache Mahlkes** durch Ich-Erzähler → Unterstreichen der großen Bedeutung Mahlkes für das Ich, Signal für Auseinandersetzung mit Mahlke
- Darbietungsformen: Dominanz des Erzählerberichts; Redewiedergabe oft in direkter Rede (aber kaum längere Dialoge am Stück, sondern meist Einbettung von Figurenrede in Erzählerbericht)
- **deutliche Realitätseffekte:** genaue Beschreibung von realen Orten (v. a. Danzig)
- Motivik und Symbolik: „Katz und Maus" als **Leitmotiv** (Katze als Symbol für die das Individuum attackierende Gesellschaft); Funkerkabine als Symbol für Mahlkes Isolation etc.

Sprache und Stil

- oft parataktisch gereihte Kurzsätze (vgl. S. 5) od. Teilsätze → u. a. Darstellung von Gleichzeitigkeit
- immer wieder Einstreuen von Nebensätzen, gelegentlich stärkere hypotaktische Strukturen
- **Aufzählungen** (z. T. mit Anaphern) → oft zur Auffächerung von Beobachtungen (vgl. z. B. S. 17)
- z. T. **notizhafter Stil** (u. a. durch Ellipsen, Interjektionen und nachgestellte Erläuterungen)
- häufige Strukturierungen durch Doppelpunkte, Semikola und Gedankenstriche
- **reiche Wortwahl** → Anschaulichkeit, Sinnlichkeit, Differenziertheit, Detailreichtum:
  - viele Attribute und Partizipialfügungen (z. B.: „windgekühlten, dennoch glühenden Rost", S. 18)
  - z. T. ungewöhnliche Formulierungen (z. B.: „Mein Zahn trat auf der Stelle", S. 5)
  - Neologismen (vor allem durch Zusammenziehen von Wörtern, z. B.: „illustriertenselig[]", S. 114)
- **Mündlichkeitszeichen** (z. B. Elisionen, Füllwörter, Ellipsen) und z. T. Merkmale des Danziger Dialekts bei wörtlicher Rede (vgl. S. 111, 138) → **Authentizitätseffekt** und Figurenzeichnung
- Sprache der Jugendlichen: besonderer Wortschatz – bei Mahlke allerdings mit der Zeit Änderung des Sprechgestus: Merkmale militärischen Sprechens, dann z. T. auch elaboriertere Sprache
- Klohses Sprache: Vermischung humanistisch-klassischen Vokabulars mit nazistischen Sprachelementen – Entlarvung der Phrasen durch Zusammenschreibung („flinkzähhart", S. 55)
- Sprache des Kapitänleutnants: romantische Bildlichkeit vs. elliptischen Militärstil

Gattungszugehörigkeit

- Tradition realistischer Novellen: **Individuum** im **schwierigen Verhältnis zur Gesellschaft**
- für Novellen **typische Merkmale: Strukturierung über Dingsymbole** (Ritterkreuz, Adamsapfel, ggf. auch U-Boot ...); Beschränkung auf einen Handlungsort (Danzig)
- für Novellen **untypische Merkmale: fehlende Straffheit** im Aufbau; **episodenhafte** Struktur; **Subjektivität** des Erzählers
- Klohses Aussage anlässlich des Diebstahls, es habe sich „Unerhörtes" (S. 92) zugetragen, als Anspielung auf die „unerhörte Begebenheit", die nach Goethe eine Novelle ausmacht

Grass: Katz und Maus

Auf einen Blick

> Wegen „Katz und Maus" musste Grass sich den Vorwurf „übelster pornografischer Ferkeleien und Verunglimpfungen der katholischen Kirche" (Kurt Ziesel, Publizist) gefallen lassen.

Biografisch
- Kenntnis der örtlichen/sozialen Verhältnisse in Danzig
- literarische Verarbeitung der eigenen Biografie

Psychologisch
- Adoleszenz als Zeit der Orientierung
- Außenseiter Mahlke und seine Suche nach Anerkennung durch Leistung
- Frage der Schuld des Ich-Erzählers

Historisch-soziologisch
1940
1941
1942
1943
1944
- kleinbürgerliches Milieu als Faktor für den Nationalsozialismus
- entlarvende Darstellung der totalitären NS-Diktatur
- Kritik am Fortbestehen des Nazismus und an herrschender Erinnerungskultur

Philosophisch
- Schuld des Stärkeren
- Religions-/Kirchenkritik: Religion als Ersatz und „Schwindel"

keine Allgemeingültigkeit nur eines Deutungsansatzes, sondern immer Zusammenspiel mehrerer Lesarten

Poetologisch
- Schreiben als Selbsttherapie
- Ambivalenz: Annäherung an Wahrheit und Verschleierung

Biografisch

- **Handlungsort Danzig:** Geburtsstadt des Autors, in der er bis zu seinem 17. Lebensjahr lebte → gute Kenntnis **örtlicher Verhältnisse** und **sozialer Strukturen** → durch geografische Abgeschiedenheit in besonderer Weise Entwicklung **kleinbürgerlicher Denkstrukturen**
- Entwurzelung durch Verlust Danzigs als Schreibmotivation für Grass
- **literarische Verarbeitung** der **eigenen Biografie** der letzten Kriegsjahre: freiwilliges Melden zur Wehrmacht, Luftwaffenhelfer, Reichsarbeitsdienst, Einberufung zur Waffen-SS

Psychologisch

- **Adoleszenz** als Zeit **der Unsicherheit und Orientierung:**
  - Phase der sexuellen Reifung (vgl. u. a. „Onanie-Olympiade" und die Nebenhandlung um Tulla)
  - zum einen Anfälligkeit für von außen herangetragene Sinnangebote (d. h. auch für Nationalsozialismus), zum anderen aber auch Impulse des Aufbegehrens (Mahlkes Diebstahl)
- Joachim Mahlke:
  - Mahlke als **Sonderling/Außenseiter** mit ständiger **Suche nach sozialer Anerkennung**
  - **Ablenkung vom Stigma** (übergroßer Adamsapfel) durch Halsschmuck verschiedener Form
  - **sportliche Höchstleistungen** als **Kompensation der sozialen Abwertung** durch die anderen → große Bedeutung des Anerkanntwerdens für den Menschen
  - teilweise Verschiebung des Anerkennungsbegehrens auf **Jungfrau Maria:** Überlegung des Ich-Erzählers, dass Mahlke alles nur für Jungfrau Maria gemacht hat (vgl. z. B. S. 37, 48); außerdem sexuelle Konnotierung von Mahlkes Verhältnis zur Jungfrau Maria
- Ich-Erzähler:
  - große Bedeutung Mahlkes für Ich-Erzähler: er ist auch in Abwesenheit für Ich-Erzähler präsent
  - **Schuld des Ich-Erzählers**, weil er den stigmatisierenden Adamsapfel Mahlkes durch das Aufsetzen der Katze betont und weil er am Ende den Dosenöffner wegwirft, den Mahlke im U-Boot benötigt, um Dosen mit Nahrung zu öffnen (mögliche Mitschuld an seinem Tod durch diesen Verrat) → **Schreiben aus Schuldgefühl** heraus
  - **Ambivalenz** in Beziehung zu Mahlke: einerseits Bewunderung, andererseits Abneigung/Neid

Deutungsansätze

Historisch-soziologisch

- **kleinbürgerliches Milieu:**
  - Angst vor Verlust der sozialen Position → Hoffnung auf Konsolidierung durch erfolgreichen Besuch des renommierten Conradinums
  - Unsicherheiten in diesem Milieu als Faktor für den „Erfolg" des Nationalsozialismus
- **Versagen der Gesellschaft** hinsichtlich der Aufgabe, das Individuum zu schützen/zu integrieren
- **allegorisierende Lesart:** Mahlke als Widerspiegelung deutscher Soldaten, denen vermittelt worden war, dass sie ihre „gerechtfertigte" **Anerkennung** in der Welt durch **Heldentum** erstreiten müssten, deren Leben dann aber ruhmlos und traurig endete
- **Entlarvung** des Bestrebens, zum **Helden** zu werden, als pubertär
- **entlarvende Darstellung der (totalitären) NS-Diktatur:**
  - Studienrat Brunies als Beispiel für ein **Opfer der NS-Ideologie**, dem keiner hilft: ein unwesentlicher Verstoß gegen die Regeln bringt ihn ins Konzentrationslager → damit verbundene Andeutung der Frage nach Mitschuld (vgl. S. 41: „Ich hoffe, nicht gegen ihn ausgesagt zu haben.")
  - Reden des Luftwaffenleutnants und des Kapitänleutnants als Beispiel für **NS- und Militär-Propaganda** in der Schule → heroisierende Darstellung des Militärs und Verharmlosung des Kriegsgeschehens (u. a. auch Verknüpfung mit Elementen humanistischer Bildung – v. a. auch in den Beiträgen des Direktors Klohse)
  - Durchdringung des täglichen Lebens mit **NS-Ideologie** – z. B. in der Schule: soldatische Leistungen als Fortsetzung von Leistungen im Sportunterricht
- Mahlkes Weg als **Personifizierung der Kriegsentwicklung:** Leistung als Schwimmer – Eroberungskrieg; Diebstahl des Ritterkreuzes – Wende im Krieg (Herbst 1942); Mahlkes Untergang – Niederlage der Nationalsozialisten
- Kritik an **Fortbestehen nazistischer Vorstellungen** nach dem Krieg (vgl. das Treffen der Ritterkreuzträger, S. 150)
- *Katz und Maus* als **Einspruch gegen die herrschende Erinnerungskultur**, d. h. **gegen die Verdrängung der NS-Zeit**, wie sie für die Nachkriegszeit typisch war → Schreiben als eine Form der erinnernden **Vergangenheitsaufarbeitung**

Philosophisch

- anthropologische Perspektive: **überzeitliche Konstante der Schuld der Stärkeren** gegenüber den Schwächeren
- **Religions- bzw. Kirchenkritik:**
  - versuchter Missbrauch des Paters Gusewski an einem Messdiener
  - Mahlke: Gott als „übliche[r] Schwindel, das Volk zu verdummen" (S. 132)
  - psychologische Einordnung von Mahlkes Marienverehrung als Überkompensation für fehlende Anerkennung → Religion nur als Ersatz
  - Pervertierung des Glaubens: Jungfrau Maria als „Unterstützerin" bei Mahlkes Kriegstaten
- Verzicht auf direkte Moralisierungen

Poetologisch

- rückblickendes **Schreiben** als **befreiend-therapeutische Auseinandersetzung** mit eigener Vergangenheit und Bearbeitung möglicher Schuld
- Ambivalenz des Schreibprozesses – zum einen als Versuch, sich der **Wahrheit anzunähern**, zum anderen aber auch als Form der **Verschleierung**

Kurzprosa

Allgemeines zur Kurzprosa

- Kurzprosa als nicht genauer definierte Kategorie für **kurze epische Texte**
- oft besonders komplex – hohes Maß an Verdichtung
- verschiedene Untergattungen: Fabel (→ siehe S. 46/47), Märchen (→ siehe S. 46/47), Sage, Legende, Anekdote, Kalendergeschichte, Parabel, Kurzgeschichte, Erzählung etc.

Die Parabel

Merkmale
- Länge: meist eine oder wenige Seiten
- Wortherkunft: *parabolḗ* (altgriech.) oder *parabola* (lat.) → „Vergleichung, Nebeneinanderstellung"
- Anlage des Erzählten als **Analogie** zu einem anderen, nicht genannten Zusammenhang (von einem Vergleichspunkt aus) → Notwendigkeit der **deutenden Übertragung des Erzählten auf diesen Zusammenhang** (Übertragung der Bildebene auf die Sachebene)
- teilweise Ziel, eine allgemeine Wahrheit anschaulich zum Ausdruck zu bringen

Literaturgeschichtliche Aspekte
- antike Rhetorik: Untermauerung einer Argumentation durch Parabeln
- Bibel: parabelhafte Gleichnisse, die religiöse Themen greifbarer machen sollen (z. B. *Gleichnis vom verlorenen Sohn*)
- **traditionelle Parabeln:** häufig mit einer **didaktischen Absicht** verknüpft → z. B. Veranschaulichung und Plausibilisierung einer „Lehre", eines Weltbildes
- im 20. Jahrhundert zunehmend **moderne Parabeln** angesichts des Verlusts verbindlicher Weltbilder → **Lösung von didaktischer Absicht**, Aufwerfen von Fragen, **Deutungsoffenheit**

Berühmte Verfasser von Parabeln
Gotthold Ephraim Lessing (z. B.: *Eine Parabel, Ringparabel*); Franz Kafka (z. B.: *Der Steuermann, Gibs auf, Kleine Fabel*); Bertolt Brecht (Parabelsammlung *Geschichten von Herrn Keuner*)

Die Kurzgeschichte

Merkmale
- Länge: meist eine oder wenige Seiten
- Gestaltungsprinzip der Komprimierung → **dichte Komposition**
- **offene Form:** unvermittelter Einstieg (oft „in medias res"), offener Schluss

Untergattungen

- sehr begrenzter Zeitausschnitt, eher kein Wechsel des Ortes
- Beschränkung auf *einen* Handlungsstrang
- Ausschnitt aus dem **alltäglichen Leben**, der eine **Besonderheit** (einen Konflikt, eine aussagekräftige Begegnung, ein ungewöhnliches Ereignis im Leben einer Person …) und/oder eine **überraschende Wendung** aufweist und über sich selbst hinausweist auf **Grundsätzlicheres** (die allgemeine Lebenssituation, die Beziehung zwischen Menschen, problematische Ansichten …)
- Tendenz zu typisierten Figuren
- erzählerische Gestaltung:
  - meist personales Erzählen **ohne auktoriale Kommentierungen oder Deutungen**
  - **Leerstellen**, die der Leser füllen muss → Notwendigkeit der deutenden Aktivität des Lesers
  - lakonische, alltägliche, in der Regel **gut verständliche Sprache**
  - lineares Erzählen, meist im Präteritum
  - Andeutungen und Verwendung von Symbolen

Literaturgeschichtliche Aspekte
- Entwicklung der „short story" im englischsprachigen Raum im 19. Jahrhundert als Vorläufer
- **Hochzeit der Kurzgeschichte in der Nachkriegszeit** (auch in Abgrenzung zur Literatur der NS-Zeit) → Themen: Kriegsheimkehr, schwierige Lebenssituation nach dem Krieg, Kommunikation(slosigkeit), Kritik an Bürgerlichkeit, Zusammenleben in der Gesellschaft → in der Regel Veröffentlichung in Zeitungen oder Zeitschriften
- ab 1960er-Jahre: abnehmende Bedeutung der Gattung, **Aufweichung der Gattungsgrenzen**

Berühmte Verfasser von Kurzgeschichten
Wolfgang Borchert (z. B.: *Die Küchenuhr, Das Brot*); Heinrich Böll (z. B.: *Wanderer, kommst du nach Spa…, Der Mann mit den Messern*); Wolfdietrich Schnurre (z. B.: *Auf der Flucht, Die Tat*); Gabriele Wohmann (z. B.: *Die Amsel, Ein netter Kerl*); Peter Bichsel (z. B.: *Die Tochter*); Sibylle Berg (z. B.: *Nacht*)

Die Erzählung

Merkmale
- meist mittlere Länge, aber auch kürzere Texte möglich
- **keine eindeutigen Kennzeichen**, teilweise als eine Art Restkategorie für kürzere epische Texte verstanden, die sich nicht einer anderen Untergattung zuordnen lassen (manchmal wird der Begriff *Erzählung* auch als Oberbegriff für epische Texte geringen bis mittleren Umfangs benutzt)
- meist einsträngig, i. d. R. chronologisch erzählt, **Überschaubarkeit** von Handlung und Figuren
- Abgrenzung gegenüber anderen Untergattungen der Kurzprosa:
  - vs. Novelle: **meist keine deutliche Komposition auf Höhepunkte**, Hauptereignisse bzw. überraschende Wendungen hin, weniger durchgestaltet, eher locker gefügt
  - vs. Kurzgeschichte: **weniger pointierte Gestaltung**
  - vs. Märchen: in der Regel keine Bezüge zu Übernatürlichem, Wunderbarem und Irrealem

Literaturgeschichtliche Aspekte
- Verserzählungen als Vorform (bis ins 18. Jahrhundert)
- Erzählungen vor allem in der Literatur des 19./20. Jahrhunderts präsent

Berühmte Verfasser von Erzählungen
Adalbert Stifter (z. B.: *Der Hagestolz*); Franz Kafka (z. B.: *Der Hungerkünstler, In der Strafkolonie, Ein Bericht für eine Akademie*); Robert Musil (z. B.: *Vereinigungen, Die Amsel*); Ingeborg Bachmann (Erzählsammlungen *Das dreißigste Jahr* und *Simultan*); Ilse Aichinger (z. B.: *Der Gefesselte*)

Allgemeines

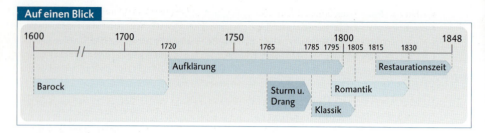

Barock (ca. 1600–1720)

- Hintergründe: Entwicklung der modernen Wissenschaften; Aufblühen des Humanismus; Absolutismus mit extremen sozialen Spannungen; große Religiosität und Religionskonflikte; **Dreißigjähriger Krieg** mit verheerenden Auswirkungen
- **Vanitas** (lat. leerer Schein, Nichtigkeit, Eitelkeit) als Zentralmotiv → **Memento mori** (lat. Gedenke des Todes): Abkehr von der Welt / Konzentration auf das Jenseits oder **Carpe diem** (lat. Genieße den Tag): Genuss des flüchtigen Moments → Streben nach Ordnung in Form und Inhalt
- starkes Formbewusstsein, **Dominanz geregelter Formen** (z. B. **Sonett** mit Alexandriner, um antithetisches Denken auszudrücken); **Regelpoetik:** poetisches Schreiben ausgehend von Regeln
- Lyrik als dominierende Gattung, aber auch Drama (Tragödien mit mythologischen Stoffen) und Epik (v. a. Schäfer- und Schelmenroman)
- vorherrschende Themen: **Krieg, Tod, Vergänglichkeit,** Religion und Scheinwelt

Aufklärung (ca. 1720–1800)

- Hintergründe: (aufgeklärter) Absolutismus; Säkularisierung und Deismus (rationaler Zugang zu Gott); Aufstieg des Bürgertums
- Orientierung an der menschlichen **Vernunft** → distanziertes Verhältnis zu Emotionen → **Empfindsamkeit** mit Aufwertung des Gefühls **als Gegenbewegung**
- **autonomes Individuum** mit Menschenrechten im Zentrum → **Toleranz** als zentraler Wert
- Themen: Ständekritik, Toleranz, Bildung, **Humanität, Erkenntnisfähigkeit** des Menschen
- Stilideal der **Klarheit und Verständlichkeit**
- **lehrhafte Kurzformen** der fiktionalen Literatur: Fabel, Parabel, Lehrgedicht, Epigramm, Ode und Fortsetzungsroman → Literatur soll nützlich sein

Sturm und Drang (ca. 1765–1785)

- Hintergründe: große soziale Ungerechtigkeit; absolutistische Machtpolitik und Fürstenwillkür → Aufbegehren der jungen Generation
- **starker Subjektivismus** mit Mensch als erlebendem und empfindendem Subjekt im Mittelpunkt → **Gefühlskult und Aufbruchsstimmung**
- Aufwertung der Emotionalität als **Gegenbewegung zum Rationalismus der Aufklärung**
- jugendliche **Protestbewegung,** die Fürstenwillkür, soziale Ungleichheit, materielle Not und rigide Moralvorstellungen anprangert
- Autonomie des Künstlers und seines Kunstwerkes → **Geniekult, Schöpfergedanke**
- Abkehr von Regelpoetiken → **Leidenschaftlichkeit der Sprache:** Ausrufe, Hyperbeln, Metaphern, Kraftausdrücke und Neologismen

Literaturgeschichte

- Themen: **Herz**, Natur, Freundschaft, **Liebe**, **Freiheit**, politischer Widerstand, Gerechtigkeit
- **Erlebnislyrik:** Wiedergabe der unmittelbaren Empfindungen des lyrischen Ich in freien Rhythmen, reimlosen Versen und hohem Pathos, aber auch in Einfachheit des Volkslieds
- freiere Formen (z. B. offenes Dramas); Briefroman zur Ausgestaltung individuellen Erlebens

Klassik (ca. 1786–1805)

- Hintergründe: Französische Revolution mit Terrorherrschaft; „Musenhof" unter Herzogin Anna Amalia in **Weimar** (Zusammenarbeit von **Goethe und Schiller**)
- Leitgedanken: **Harmonie**, Ausgleich der Gegensätze, **Würde**, **Humanität**, Toleranz, Selbstbestimmung, Beherrschung und Mäßigung (*Edle Einfalt, stille Größe*)
- **Ideal des Guten, Wahren und Schönen** → Forderung nach ethischer Vervollkommnung durch Orientierung an der Antike → **Erziehung des Menschen** als Aufgabe der Kunst
- überzeitliches **Humanitätsideal** → historische Umstände, Alltagssprache oder politisches Ideal spielen keine Rolle → Vorwurf an Klassik, bestehende Verhältnisse zu stützen
- Themen: Humanität, **Freiheitsidee**, **Harmonie von Pflicht und Neigung**
- Ideal der **Formstrenge:** harmonische Verbindung von Inhalt, Sprache und Aufbau
- Lyrik: klassische Formen (z. B. Elegien und Epigramme); Drama: metrisch gebundene Sprache, hoher Stil, geschlossene Form, historische/antike Stoffe; Epik: Bildungsroman

Romantik (ca. 1795–1830)

- Hintergründe: Französische Revolution mit Terrorherrschaft; zunehmendes Nationalbewusstsein durch Kriege gegen Napoleon
- Idee der Abhängigkeit des Menschen von einem Absoluten oder Unendlichen → Wiederannäherung an religiöse Denkformen → Poesie als Medium des Absoluten (**Universalpoesie**, in der alle Gattungen und Künste vereint sind) → Streben nach **Gesamtkunstwerk**
- Blick nach innen → „**Blaue Blume**" als Symbol für metaphysische **Sehnsucht nach dem Fernen und Unerreichbaren** sowie den eigentlichen Seinszusammenhängen
- Themen und Motive: Natur als Bereich des Unendlichen, **Sehnsucht, Traum, Wahnsinn**, Entgrenzung, Einsamkeit, Vergänglichkeit, Reisen, Wandern, Nacht, Fantastisches
- Idealisierung des Mittelalters und aufkommendes Nationalbewusstsein → Interesse an Volksdichtung, z. B. **Volkslied, Märchen** → leichte Verständlichkeit, Wohlklang, „musikalische" Sprache
- Anschreiben **gegen Philistertum und Bürgerlichkeit**
- „**romantische Ironie**": Aufzeigen der Unerreichbarkeit des Absoluten durch Texte, die sich selbst und ihre Entstehungsbedingungen reflektieren oder kommentieren
- Roman als universale Form, in der Lyrik enthalten ist (kaum Dramen)

Restaurationszeit (ca. 1815–1848)

- Hintergründe: Wiener Kongress 1815 und Restaurationspolitik; **Märzrevolution** 1848 – zunehmende Einschränkung der Freiheit, Zensur → verschiedene Strömungen: **Biedermeier** (Resignation, Rückzug ins Private), **Vormärz** und **Junges Deutschland** (politisches Aufbegehren)
- rationale Haltung und Orientierung an Fakten → Abkehr von der Romantik
- Themen des Biedermeier: **Familie, Ordnung, Beschaulichkeit**, Idylle → **heile poetische Welt**
- Themen des Vormärz und des Jungen Deutschlands: **soziale und politische Missstände** → **Kampf gegen soziales Elend und Unterdrückung** als Aufgabe der Literatur
- Veröffentlichungen in Zeitungen und Zeitschriften → vorwiegend kleinere literarische Formen

Allgemeines

Auf einen Blick

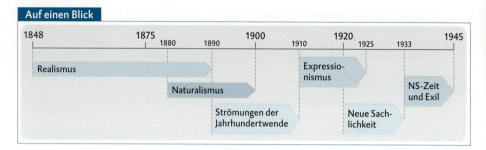

Realismus (ca. 1848–1890)

- Hintergründe: Scheitern der Revolution von 1848; Gründung des Deutschen Kaiserreichs 1871 → preußischer Militarismus; Bürgertum als führende Schicht; Verschärfung der Sozialen Frage durch Industrialisierung; Verstädterung → **Orientierungslosigkeit** durch Verlust von Normen
- „**objektive**" **Schilderung** der unmittelbaren Lebenswelt, aber **Ausklammerung des Hässlichen/Niederen** sowie der Sozialen Frage → **Poetisierung** der Wirklichkeit
- Bürgertum als tragende Schicht → Darstellung **bürgerlicher Milieus und Ideale**, aber auch **historischer Stoffe** mit überzeitlichem Geltungsanspruch → Streben nach Nationalliteratur
- Themen: **Liebe**, **Vergänglichkeit**, **Heimat**, **Naturerleben**
- Entstehung eines Literaturmarktes → Verbreiterung der Leserschaft → **Unterhaltungsliteratur**
- Roman und Novelle als zentrale Gattungen; in der Lyrik v. a. Balladen
- Stil: gewählte, **neutrale Sprache**; **Humor und Ironie**

Naturalismus (ca. 1880–1900)

- Hintergründe: **Milieutheorie = Mensch als Produkt der ihn umgebenden Verhältnisse:** Vererbung, Milieu, historische Umstände; **Industrialisierung und Proletarisierung** → Verschärfung der Sozialen Frage, Anwachsen der Großstädte zu Metropolen
- **radikalisierter, konsequenter Realismus** mit Wegfall der verklärenden Poetisierung → Blick auf **hässliche Wirklichkeit sozialen Elends** und Kritik an sozialen Verhältnissen
- „Kunst = Natur – X" (A. Holz): **möglichst Entsprechung von Kunst und Natur**, Faktor X (Autor und seine Subjektivität) soll möglichst klein sein
- Themen: **Armenmilieus**, **Familienprobleme** unterer Schichten, **Doppelmoral**, **Großstadt**, dunkle und hässliche Seiten des Lebens, Kriminalität, Geisteskrankheit, Alkoholismus
- **sozialkritisches Drama** als bedeutendste Gattung
- präzises Beobachten, **Sekundenstil** (Erzählzeit = erzählter Zeit), natürliche Sprache (z. B. Dialekt)

Strömungen der Jahrhundertwende (ca. 1890–1910)

- Hintergründe: Infragestellen der Selbstbestimmtheit des Menschen durch die **Psychoanalyse**; starrer Wilhelminismus → Entstehung eines grundlegenden **Krisenbewusstseins** → Strömungen des **Impressionismus und Symbolismus** als Weg nach innen mit quasireligiöser Aufladung
- Idee einer reinen, sich selbst genügenden Kunst („l'art pour l'art") als **Gegenströmung zum Naturalismus** → **keine politische Funktion der Kunst**, sondern Flucht in eine Gegenwelt
- Träger: großbürgerliche Bohème, die sich in Kaffeehäusern selbst feiert
- **Impressionismus:** Wiedergabe eines subjektiven Sinneseindrucks mit höchster Intensität

Literaturgeschichte 43

- **Symbolismus:** Absolutheitsanspruch der Kunst, gegen Abbildungsfunktion der Kunst gerichtet
- **Themen: Abgrenzung zum naturalistischen Erfassen** der Realität, Besinnung auf das „Ich", Individualität, Subjektivität, Sprache, Kultur, Vergänglichkeit
- kürzere, zum Teil auch experimentelle Formen; **symbolische Verdichtung, Verfeinerung der Sprache,** Auflösung traditioneller Formen, **Bewusstseinsstrom,** innerer Monolog, erlebte Rede

Expressionismus (ca. 1910–1925)

- Hintergründe: **Verstädterung** und Anonymisierung, technischer Fortschritt, erstarrte wilhelminische Gesellschaft → verschärftes Krisenbewusstsein, **Sinnkrise,** Erster Weltkrieg
- Pathos des Aufbruchs und unbedingter Wille zum **Ausdruck des Erlebens**
- Bedrohung des Subjekts durch **Ich-Zerfall** → Darstellung des Körpers in Verfallszuständen
- pathetische **Beschwörung eines neuen Menschen,** der Liebe und Verbrüderung lebt („**O-Mensch!"-Expressionismus**)
- **Großstadt** (v. a. Berlin) als Ort der Reizüberflutung, Orientierungslosigkeit und Anonymität
- Erfahrung der Verhältnisse des Kaiserreichs als verkrustet → **Kriegsbegeisterung** bei einigen Autoren – nach Kriegserfahrung häufig **Pazifismus** und Verarbeitung der Erlebnisse
- Themen: Lebens- und Vitalkult, **Krieg** und Pazifismus, **Weltende und Apokalypse,** Krise des Ich, Tabus (Ästhetik des Hässlichen: Geisteskrankheit, Prostitution, Verbrechen), **Großstadt**
- **Lyrik** als präsenteste Gattung → **Reihungsstil,** elliptische Konstruktionen, Neologismen, Farbmetaphorik, Auflösung syntaktischer Regeln, Verdinglichung
- Dramatik: **Stationendrama** (lose Szenenfolge), **Wandlungsdrama** (Wandlung eines Einzelnen)

Neue Sachlichkeit (ca. 1920–1933)

- Hintergründe: von vielen abgelehnte Weimarer Republik; wirtschaftliche Schwierigkeiten aufgrund von Reparationslasten; „Goldene Zwanziger" mit kultureller Vielfalt
- dezidierte **Abkehr vom Expressionismus** und Hinwendung zur **Lebensrealität** mit ihren sozialen und wirtschaftlichen Verhältnissen und zum **sachlich-nüchternen Schreiben**
- Bewusstsein von Desillusionierung und Übergang in eine neue Zeit (Schwellenzeit-Gefühl)
- Themen: Großstadt, Verarbeitung des Kriegs, **Probleme der „kleinen Leute",** Alltagsleben
- **Gesellschafts- und Zeitromane,** Dokumentartheater und **Episches Theater**
- Mischung von **journalistischen, dokumentarischen und literarischen Anteilen** → kühldistanzierte, **einfache, verständliche Sprache**

NS-Zeit und Exil (1933–1945)

- Hintergründe: **nationalsozialistische Herrschaft** mit totalitärer Durchdringung des gesamten Lebens → „**Gleichschaltung**" der Kunst und Literatur durch Bücherverbrennung, Verfolgung und Zensur; **Zweiter Weltkrieg,** Erfahrung des Exils → Freitod zahlreicher Autoren
- **NS-Literatur:** regimekonform; **Gestaltung ideologischer Motive** wie Rasse, Führertum, Deutschtum, Kampf, Gewalt, Blut-und-Boden-Ideologie → stereotype Metaphern
- **innere Emigration: getarntes Schreiben** als geistige Opposition gegen Ungeist des NS-Regimes → gehobene, oft verschlüsselte Sprache; Schreiben in europäisch-humanistischer Tradition
- **Exilliteratur:** Humanität, Opposition zur NS-Ideologie, Zeigen des „anderen" Deutschlands
- Roman vorherrschende Gattung (Reflexion der eigenen Situation), Drama nur Nebenrolle (Ausnahme: Bertolt Brecht), Verarbeitung der emotionalen Situation in der Lyrik
- Abkehr vom Stil des Expressionismus → Bevorzugung traditioneller Formen

Allgemeines

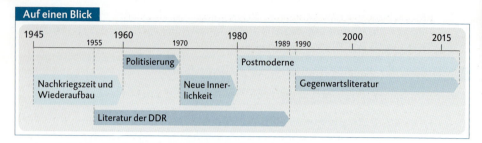

Literatur der Nachkriegszeit und des Wiederaufbaus (1945 – ca. 1960)

- Hintergründe: Ende des Zweiten Weltkriegs; **Welt in Trümmern**; „Stunde Null"; Aufteilung Deutschlands in vier Besatzungszonen; **Wiederaufbau**; Gründung der Bundesrepublik und der DDR; „Kalter Krieg"; Wirtschaftswunder; Scham, Schuld, Verdrängung angesichts der NS-Zeit
- **„Trümmerliteratur"**: Betonung der Traumatisierung durch Krieg und Zerstörung
- **„Literatur des Kahlschlags"**: Betonung des Neubeginns wegen Belastung der Sprache durch Missbrauch im NS-System → Frage, inwieweit Dichtung nach NS-Verbrechen noch möglich ist
- Themen: Schrecken des Kriegs, **Heimkehr**, Orientierungslosigkeit, Schuld, Scham, Klage und Anklage, Versuch der **Aufarbeitung der Vergangenheit**
- Aufkommen der **Kurzgeschichte**, zeitkritische Dramen, oft hermetische Lyrik mit schwer verständlichen Chiffren oder konkrete Poesie als sprachexperimentelle Lyrik
- Stilideal der **Nüchternheit**, Verzicht auf Pathos → **schmucklos-karge Sprache**, indirekte Ausdrucksformen (Parabeln, Chiffren, Gleichnisse)

Politisierung der Literatur (1960er-Jahre)

- Hintergründe: existenzielle Bedrohung durch „Kalten Krieg" → **Angst vor einem Atomkrieg**; Vietnamkrieg → Distanzierung von den USA; Große Koalition → Entstehung der **APO** → **68er-Bewegung** als Protestbewegung mit antiautoritären und pazifistischen Zielen
- Diskussionen über Verhältnis von Literatur und Politik → Gesellschafts- und Zeitkritik als Aufgabe der Literatur → **Politisierung der Literatur**
- Themen: **gesellschaftspolitische und soziale Probleme**, **Kritik an Verdrängung der NS-Vergangenheit**, Frage nach Rolle der Eltern im NS-Staat, deutsche Teilung
- politischer Zeitroman, **Dokumentartheater, politische Lyrik** und experimentelle Gedichte
- Forderung von Verständlichkeit und Abkehr von jeglichen Ideologien → teilweise Auflösung der Grenzen zwischen literarischen und nicht-literarischen Formen

Neue Innerlichkeit / Neue Subjektivität (1970er-Jahre)

- Hintergründe: Rückzug vom Politischen vs. Radikalisierung (**RAF**-Terror); Entstehung der **Frauenbewegung**; Entspannung im Ost-West-Konflikt (Ostpolitik Brandts, KSZE-Schlussakte)
- **Resignation und Identitätssuche** → Aufwertung des Individuums und seiner Subjektivität → **Neue Subjektivität/Neue Innerlichkeit**: Gestaltung subjektiver Wirklichkeit und Verarbeitung innerer Erfahrung → Tendenz zu **autobiografischer Bekenntnisliteratur**
- gesellschaftskritische **feministische Literatur** mit Infragestellung traditioneller Rollenbilder
- Themen: **Selbstfindung, Selbsterfahrung und Innenschau**, Alltag und Beziehungen, Erleben des Einzelnen im Spannungsfeld zur Gesellschaft, Gewaltstrukturen im Geschlechterverhältnis

Literaturgeschichte 45

- Lyrik und Epik als bevorzugte Gattungen zur Darstellung von Innerlichkeit
- Streben nach **Authentizität:** Tendenz zu sprachlicher Kunstlosigkeit und Umgangssprache, zugleich emotionale und subjektive Sprache

Postmoderne (Strömung der 1980er-Jahre bis heute)

- Hintergründe: **Ökologie** als neues Thema in der Politik; allmähliche Liberalisierung des Ostblocks durch Gorbatschow; atomare, ökologische, soziale Katastrophen → neues **Krisenbewusstsein**
- zunehmende **Vielgestaltigkeit der Literatur** und Fortwirken der Tendenzen der 1970er-Jahre
- Nebeneinander verschiedener „Literaturen": Jugendliteratur, Trivialliteratur, experimentelle Literatur, gesellschaftskritische Literatur
- Annahme der Beliebigkeit von Wirklichkeit → **Infragestellen von Ideologien und Werten**
- **Konstruktivismus:** Wahrheit als gesellschaftliches Konstrukt → Pluralität von Sinnentwürfen
- Aufwertung der **Unterhaltsamkeit von Literatur** → Öffnung hin zu „Trivialgattungen" wie Schauerroman oder Kriminalroman
- Roman als bevorzugte Gattung → zahlreiche **intertextuelle Bezüge**
- Nebeneinander und **Montage verschiedener Stile und Formen**, Vorliebe für **Ironie**

Literatur der DDR (1950–1989)

- Hintergründe: Gründung der **DDR** als Teil des totalitär regierten, sozialistischen Machtblocks unter der Herrschaft der Sowjetunion; Abschottung gegenüber dem Westen; **Stasi** → Kontrolle und **Zensur**; ab 1985 Stärkung der Bürgerrechtsbewegung; 1989 friedliche Revolution/Mauerfall
- staatlich verordnete Strömung des **Sozialistischen Realismus:** antifaschistisch, antikapitalistisch, arbeiternah → Ideal des selbstlosen und leistungsbereiten Arbeiters für das Gemeinwohl
- staatlich verordnete **Aufbauliteratur** der 1950er-Jahre: Überlegenheit des Sozialismus gegenüber Faschismus/Imperialismus
- „**Bitterfelder Weg**": Arbeiter als Schriftsteller und Schriftsteller als Arbeiter → **Idealisierung des Arbeiters** in der Literatur
- staatlich kontrollierte **Ankunftsliteratur** der 1960er-Jahre: Einrichten im Sozialismus
- **nicht systemkonforme Literatur:** subversive Aussagen, die durch Anspielungen, Verschlüsselungen und Verlegungen des Stoffs in den Mythos an Zensur vorbeikommen
- Epik und Lyrik als zentrale Gattungen; Liedtexte als kritische Ausdrucksform

Tendenzen der Gegenwartsliteratur (1990 – heute)

- Hintergründe: Wiedervereinigung 1990; Vormarsch **digitaler Massenmedien** (Internet, Smartphones, E-Books, soziale Netzwerke); islamistische Terroranschläge und Kampf gegen den Terror; **Globalisierung**; Flüchtlingsproblematik; Umgang mit Daten
- **Pluralismus:** gleichberechtigtes Nebeneinander verschiedener Menschenbilder und Kulturen → Herausforderung für Literatur, komplexer werdende Welt zu verarbeiten
- **Vermarktbarkeit** als zentrales Kriterium für Literatur → zunehmende Produktion von **Unterhaltungsliteratur** bzw. von Übersetzungen aus dem Ausland
- Themen: **Identität des Einzelnen** in globalisierter Welt, Auseinandersetzung mit DDR (**Wendeliteratur**), provokante Selbstinszenierung junger Schriftsteller und Aufgreifen von Alltagsthemen (**Popliteratur**), Fremdheitserfahrung (**interkulturelle Literatur**), biografisches Schreiben
- Roman als vorherrschende Textform
- facettenreiche Sprache, die z. T. an Ausdruckskraft verliert (→ Ausrichtung auf breites Publikum)

Allgemeines

Sachtexte

Essay
- geistreiche und sprachlich anspruchsvolle Abhandlung zu einem Thema aus z. B. Wissenschaft, Politik, Gesellschaft, Literatur, Religion (auch: Gedankenspaziergang vor den Augen des Lesers)
- ausgehend von konkreter Fragestellung werden in freier, oft unsystematischer Form Pro- und Kontrapositionen rhetorisch geschickt dargestellt, wobei persönliche Ansichten und Erlebnisse im Vordergrund stehen können
- gekennzeichnet durch Leichtigkeit, Unbefangenheit und stilistische Virtuosität, oft Verzicht auf objektive Nachweise und definitive Antworten

Glosse
- zugespitzte, wertende Anmerkung zu tagesaktuellem Thema mit abschließender Pointe
- satirische Form des Kommentars, oft zahlreiche rhetorische Mittel (z. B. Hyperbel, Ironie)

Interview
- Wiedergabe eines Frage-Antwort-Gesprächs zwischen Journalist und einer oder mehreren Personen (meist des öffentlichen Lebens, d. h. aus Film/Fernsehen, Politik, Sport usw.)
- Ziel ist z. B. Klärung eines strittigen Sachverhalts, Vorstellung einer Person, Meinungsäußerung

Kommentar
- subjektiv wertender Meinungsbeitrag zu aktuellem bzw. allgemein bekanntem Thema
- Autor (immer namentlich genannt) legt persönlichen Standpunkt sprachlich geschickt dar, versucht Leser argumentativ zu überzeugen, teils ironisch-spöttischer Stil
- beginnt meist mit Hintergrunderläuterungen zum Thema und endet mit Fazit bzw. Appell

Rede
- öffentlicher Vortrag (basierend auf schriftlichem Konzept) zu einem gesellschaftlichen, privaten oder geschäftlichen Thema, oft mit dem Ziel, Zuhörer von den eigenen Ansichten zu überzeugen
- geschickter Einsatz rhetorischer Mittel und Adressatenbezug durch direkte Ansprache

Rezension
- anschaulich und präzise formulierte Zusammenfassung und persönliche Bewertung eines Buchs, einer Theaterinszenierung oder eines Films
- Ziel: Leser informieren und ggf. Empfehlung abgeben

Epik

Fabel
- unterhaltsame Erzählung von geringem Umfang mit lehrhafter Schlusspointe
- die Handelnden sind Tiere, die für menschliche Eigenschaften stehen (z. B. Biber → Fleiß)
- endet in der Regel mit „Moral" = Lehre für den Menschen

Märchen
- Ort und Zeit unbestimmt, formelhafte Sprache (*Es war einmal ...*)
- Figuren/Verhalten in „gut" und „böse" einteilbar, das Gute gewinnt → belehrender Charakter
- Gegenstände und Figuren aus mittelalterlicher Gesellschaft (*Königssohn*) oder magischer Welt (*Zauberspiegel*), übernatürliches Geschehen (*Hexerei*), oft magische Zahlen (3, 7, 12)

Kurzgeschichte
→ siehe S. 38/39

Textsorten

Parabel
→ siehe S. 38/39

Erzählung
→ siehe S. 38/39

Novelle
- Erzählung mittlerer Länge, in deren Mittelpunkt ein außergewöhnliches Ereignis steht
- Handlung in der Regel einsträngig mit Höhe-/Wendepunkt und geschlossenem Ende
- oft Leitmotive oder wiederkehrende Dingsymbole, Einfluss des Zufalls auf Schicksal der Figuren

Roman
- Erzählung von großem Umfang mit zahlreichen komplexen Figuren und Handlungsverläufen
- oft psychologisch ausgestaltete Hauptfigur
- zahlreiche Genres: Kriminalroman, Liebesroman, Abenteuerroman, Fantasyroman usw.

Dramatik

Komödie
- unterhaltsames, humorvolles Theaterstück, oftmals mit klassischem Aufbau (fünf Akte)
- Protagonisten geraten aufgrund ihrer Schwächen in Konflikt, der sich immer weiter verschärft
- endet mit glücklicher Auflösung des Konflikts, in der Regel gewinnen die „Guten"

Tragödie
- tragisches, emotional bewegendes Theaterstück, oft mit klassischem Aufbau (fünf Akte)
- Protagonisten geraten durch schicksalhafte Fügungen (z. B. Verlieben in die „falsche Person") oder menschliche Fehltritte in schwerwiegenden Konflikt
- endet meist mit dem dramatischen Tod des Helden/der Heldin und weiterer Figuren

Lyrik

Ballade
- Gedicht, in dem auf anschauliche, lebendige Weise eine Geschichte erzählt wird (Erzählgedicht)
- formal: Strophen, Verse, Reime, Metrum; sprachlich: oft wörtliche Rede; inhaltlich: spannender Handlungsverlauf (Themen: z. B. Liebe, Heldentaten) → vereint Lyrik, Epik und Dramatik

Lied
- sangbares Gedicht mit durchgängig der gleichen Strophenform (meist Übereinstimmung der Strophe mit einem Satz)
- alternierende Verse mit Kreuz- oder Paarreim und schlichte, gut verständliche Sprache
- oft unmittelbarer Ausdruck lyrischer Empfindungen bzw. individuellen Erlebens → besondere Beliebtheit in der Romantik

Sonett
- sprachlich und formal kunstvoll gestaltetes Gedicht
- in der Regel strenger Aufbau: zwei Quartette (Strophen aus vier Versen) gefolgt von zwei Terzetten (Strophen aus drei Versen)
- häufig inhaltlicher Gegensatz zwischen Quartetten und Terzetten, letzte Verse oft wie Pointe

Allgemeines

Stilmittel	Beispiel
Akkumulation: Anhäufung von Wörtern ohne Nennung eines Oberbegriffs	*Sonne, Mond und Sterne*
Allegorie: systematisierte Metapher, die durch Reflexion erschließbar ist	*Justitia (Gerechtigkeit)*
Alliteration: aufeinanderfolgende Wörter mit gleichem Anlaut	*wunderbare Welt, Kind und Kegel, zehn zahme Ziegen*
Allusion: Anspielung	*Du weißt, was ich meine.*
Anapher: gleicher Anfang aufeinanderfolgender Sätze / Verse	*Gehe nach Hause. Gehe dorthin, so schnell du kannst.*
Anrede: Hinwendung an den Adressaten	*Meine Damen und Herren, …*
Antithese: einander entgegengestellte Begriffe, Bedeutungen oder Gedanken	*Ruhe auf dem Land, Lärm in der Stadt, Himmel und Hölle*
Aphorismus: knapp formulierter Sinnspruch	*Die Zeit heilt alle Wunden.*
Archaismus: veralteter sprachlicher Ausdruck	*Seid gegrüßt, holde Maid!*
Assonanz: vokalischer Gleichklang	*sobald, Obacht, Wohlklang*
Asyndeton: Reihung ohne Konjunktionen	*Er kam, sah, siegte.*
Chiasmus: Überkreuzstellung	*Der Einsatz war groß, klein war der Gewinn.*
Chiffre: Zeichen, dessen Inhalt rätselhaft und letztlich nicht zu erfassen ist	*Purpurne Seuche, Hunger, der grüne Augen zerbricht.*
Diminutiv: Verkleinerungsform	*Blümlein, Mäuschen*
Ellipse: unvollständiger Satz, fehlende Satzteile	*Je früher, desto besser.*
Enjambement: Satz greift auf nächsten Vers über	*Die Wolken fliegen / über das weite Land.*
Epipher: gleiches Ende aufeinanderfolgender Sätze / Verse	*Alle lieben den Hund. Die Nachbarn reden nur noch über diesen struppigen Hund.*
Euphemismus: beschönigende Umschreibung, Untertreibung	*Wir müssen Personal abbauen. (anstatt: Wir müssen unseren Mitarbeitern kündigen.)*
Exclamatio: Ausruf	*Hoch soll er leben!*
Geminatio: unmittelbare Wiederholung eines Wortes oder Satzteils	*Geh, geh!*
Hyperbel: sehr starke Übertreibung	*Ich warte hier schon drei Millionen Jahre auf dich.*
Inversion: Abweichung von normaler Satzstellung	*Am Straßenrand eine seltene Pflanze ich sah.*
Ironie: versteckter Spott, gemeint ist das Gegenteil von dem, was geschrieben bzw. gesagt wird	*Du bist mir ja ein Superhirn! (anstatt: Das war dämlich von dir.)*

Stilmittel

Stilmittel	Beispiel
Klimax: (meist dreischrittige) Steigerung	Sie kicherten, lachten, grölten.
Lautmalerei: Nachahmung eines (Natur-)Lautes	Klingeling, Kikeriki, Ticktack
Litotes: Bejahung durch doppelte Verneinung	Die Schüler sind nicht unwillig.
Metapher: bildhafter Ausdruck mit übertragener Bedeutung, Vergleich ohne Vergleichspartikel	Du bist die Sonne meines Lebens. Dein Haar ist flüssiges Gold. Wir stehen am Fuß des Berges.
Metonymie: Verwendung eines Ausdrucks in übertragener Bedeutung (Gesagtes und Gemeintes stammen aus demselben Wirklichkeitsbereich)	Deutschland jubelt, Kafka lesen, eine Tasse trinken
Neologismus: Wortneuschöpfung	Himmelsengelsstimme
Oxymoron: Kombination aus Wörtern, die sich widersprechen	bittersüß, alter Knabe, Hallenfreibad, Eile mit Weile
Paradoxon: inhaltlich unlogische und widersinnige Aussage, meist in Form eines ganzen Satzes	Der Schmerz des Verlusts erfüllte sein Herz mit Freude.
Parallelismus: aufeinanderfolgende Sätze oder Satzteile mit gleichem Satzbau	Nina traf Nils im Park. Max besuchte Tatjana im Café.
Parenthese: Einschub	Dieses Buch – ich möchte ehrlich sein – hat mir nicht gefallen.
Periphrase: Umschreibung eines Begriffs	„der Gefallene" für „Sünder"
Personifikation: Gegenständen oder abstrakten Begriffen werden menschliche Fähigkeiten / Eigenschaften zugeschrieben	Der Wind spielte mit ihrem Haar und streichelte ihre Wange.
Pleonasmus: Häufung sinngleicher Wörter	Sie ist brav, nett, lieb.
Polysyndeton: Verbindung zwischen Wörtern und Satzteilen durch mehrmalige Wiederholung derselben Konjunktion	Und es wallet und siedet und brauset und zischt.
Rhetorische Frage: Scheinfrage, erwartet keine Antwort	Wer hat noch nie einen Fehler gemacht? Hast du vollkommen den Verstand verloren?
Symbol: Sinnbild, das für Abstraktes steht	rote Rose (für Liebe), weiße Taube (für Frieden)
Synästhesie: Vermischung von Sinnesgebieten	goldene Töne
Synekdoche: Ein Teil steht für das Ganze (auch Pars pro toto) oder das Ganze steht für einen Teil (auch Totum pro parte).	ein Dach über dem Kopf haben, eine Bibliothek lesen
Vergleich: bildhafter Ausdruck, durch Vergleichswort (wie, als) mit Gemeintem verknüpft	Sie ist leicht wie eine Feder, er ist schwer wie ein Elefant.

STARK LERNINHALTE GIBT ES AUCH ONLINE!

Deine Vorteile:
- ✔ Auch einzelne Lerneinheiten – sofort abrufbar
- ✔ Gratis Lerneinheiten zum Testen

WAS IST STUDYSMARTER?

StudySmarter ist eine intelligente **Lern-App** und **Lernplattform**, auf der du ...
- ✔ deine Mitschriften aus dem Unterricht hochladen,
- ✔ deine Lerninhalte teilen und mit der Community diskutieren,
- ✔ Zusammenfassungen, Karteikarten und Mind-Maps erstellen,
- ✔ dein Wissen täglich erweitern und abfragen,
- ✔ individuelle Lernpläne anlegen kannst.

Google Play   **Apple App Store**

StudySmarter – die Lern-App kostenlos bei Google Play oder im Apple App Store herunterladen. Gleich anmelden unter: **www.StudySmarter.de/schule**

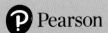

 Der Blog, der Schule macht

Du suchst interessante Infos rund um alle Fächer, Prüfungen und Schularten, oder benötigst Hilfe bei Berufswahl und Studium?
Dann ist **schultrainer.de** genau für dich gemacht. Hier schreiben die Lernexperten vom STARK Verlag und machen dich fit für Schule, Beruf und Karriere.

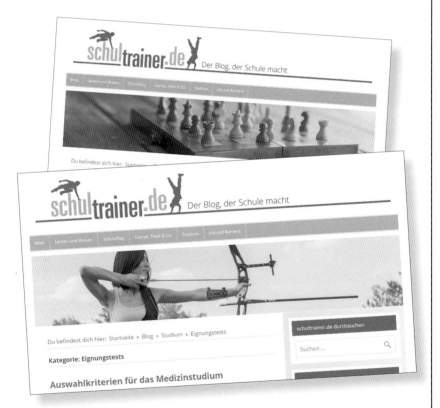

Schau doch vorbei: **www.schultrainer.de**